# LES
# QUATRE CARDINAUX

DE

# ROHAN

## (EVÊQUES DE STRASBOURG)

## EN ALSACE

PAR

## LE ROY DE SAINTE-CROIX

HAGEMANN ET Cⁱᵉ, ÉDITEURS

STRASBOURG | PARIS
135, Grand'Rue, 135 | 12, rue de l'Éperon, 12

1881

# GRANDE

# COLLECTION

## ALSACIENNE

# GRANDE

# COLLECTION ALSACIENNE

### FONDÉE EN 1880

PAR

*HAGEMANN ET C^{ie}, EDITEURS*

A STRASBOURG

# LES

## QUATRE CARDINAUX

### DE

# ROHAN

# LES
# QUATRE CARDINAUX

DE

# ROHAN

## (ÉVÊQUES DE STRASBOURG)

## EN ALSACE

PAR

## LE ROY DE SAINTE-CROIX

STRASBOURG

*HAGEMANN ET C$^{ie}$, ÉDITEURS*

135, Grand'Rue, 135

———

1880

# LES QUATRE ROHAN

## CARDINAUX-ÉVÊQUES DE STRASBOURG

*Armand-Gaston de Rohan-Soubise, 1704-1749*

*François-Armand-Auguste de Rohan-Soubise-Ventadour, 1749-1756*

*Louis-Constantin de Rohan-Guéménée-Montbazon, 1756-1779*

*Louis-René-Edouard de Rohan-Guéménée, 1779-1803*

# I

## ARMAND-GASTON

### DE

# ROHAN-SOUBISE

*1704-1749*

# NOMINATION D'UN COADJUTEUR

## A STRASBOURG

'AGE et les infirmités du cardinal Guillaume
Egon de Fürstemberg le retenaient depuis quelque temps à Paris, éloigné de son église : il
voulut travailler à se procurer un coadjuteur capable de
soutenir la splendeur de son siége, par sa naissance
comme par ses vertus et ses talents. Il jeta les yeux sur
Armand-Gaston-Maximilien, prince de Rohan-Soubise,
chanoine capitulaire de la Cathédrale de Strasbourg.

Comme le jeune prince-chanoine n'avait encore que
26 ans, le pape Clément XI lui accorda, en 1700, un bref
d'éligibilité.

Le 21 Février 1701 fut désigné pour le jour de l'élection. Après la messe du Saint-Esprit, les chanoines se
réunirent à 8 heures dans la salle des archives de l'Evêché,
et le prince de Rohan fut élu. Il fut aussitôt conduit au

chœur, où il fut proclamé ; on chanta le *Te Deum,* au son
des cloches et au bruit du canon[1].

Cette élection fut agréée par le Roi et confirmée au
mois d'Avril par le Pape. Le nouvel élu fut sacré à Paris,
le 26 Juin 1701, dans l'église de Saint-Germain-des-Prés,
sous le titre d'évêque de Tibériade ou Césarée en Pales-
tine, par le cardinal de Fürstemberg.

---

[1] GRANDIDIER. *Essais sur la Cathédrale de Strasbourg*, p. 165.

# L'ÉVÊQUE PRINCE DE ROHAN

## A STRASBOURG ET A PARIS

Le cardinal de Fürstemberg étant mort en 1704, le nouvel évêque de Strasbourg, Armand-Gaston de Rohan, fit sa première entrée dans sa ville cathédrale le 5 Juin 1705.

Le 22 Novembre suivant, il sacra dans son église cathédrale, François Blouet de Camilly, vicaire-général et official de Strasbourg, que le Roi avait nommé à l'évêché de Toul. Ce sacre se fit avec beaucoup de solennité. Six abbés en habits pontificaux et en mître, le clergé séculier et régulier de la ville sacerdotalement habillés, assistèrent à cette cérémonie, ainsi que l'état-major et les corps du magistrat et de la noblesse[1].

Le samedi 31 Août 1715, sur les 11 heures du soir, à Paris, le curé, le cardinal de Rohan et les ecclésiastiques du château vinrent dire les prières des agonisants. Cet appareil rappela le roi mourant à lui-même; il répondit d'une voix forte aux prières, et reconnaissant encore le cardinal de Rohan, il lui dit : «Ce sont les dernières grâces de l'Eglise»! Il répéta plusieurs fois : « Mon Dieu, venez à mon aide, « hâtez-vous de me secourir » ! et tomba dans une agonie

---

[1] GRANDIDIER, *Essais sur la Cathédrale de Strasbourg*, p. 166.

qui se termina par sa mort, le dimanche 1er Septembre, à 8 heures un quart du matin.

« Le gouvernement des affaires ecclésiastiques était destiné au cardinal de Noailles. Ce triomphe de Mardochée éloignait les cardinaux de Rohan et de Bissy. Peut-être n'auraient-ils pas fait beaucoup de résistance. Rohan aurait préféré la vie voluptueuse d'un grand seigneur au commerce dégoûtant que la Commission le forçait d'avoir avec un tas de pédants, qui, sans cela, n'étaient pas faits pour passer au-delà de ses antichambres. »[1]

Dans une de ses lettres, datée de Paris le 26 Janvier 1719, la caustique Madame, duchesse d'Orléans, écrit à propos du cardinal :

« ..... Je sais qui on a voulu dire, en vous parlant d'une princesse, que le prince de Birkenfeld devait épouser. C'est la nièce du cardinal de Rohan, Mlle de Melun. Je ne le lui conseillerais pas; il aurait le cardinal tout autant pour beau-frère que pour oncle. La desserte d'un prêtre, c'est bien vilain ! De plus, leur titre de prince est une pure chimère. Ils sont de bonne maison, mais nullement princes ni princesses..... » Quel coup de pied !

En 1721, lorsque le cardinal de Rohan vint à Strasbourg, la ville lui fit présent de 1000 ducats.

Le cardinal de Rohan, premier du nom, était admirateur de toutes les belles choses. Il acheta, moyennant 36,000 livres, la célèbre bibliothèque de de Thou, possédée alors par le président Ménars. Cette belle bibliothèque fut dispersée lors de la faillite du prince de Guéménée.

---

[1] *Mémoires secrets des règnes de Louis XIV et de Louis XV*, T. I, p. 161.

Un souvenir bibliographique se rattache encore à la mémoire du cardinal de Rohan. Ce fut lui, qui, en 1725, lors d'une visite à l'abbaye princière de Remiremont, comme délégué apostolique, ordonna l'établissement d'une bibliothèque dans l'illustre chapitre. Ce fut le noyau de la future bibliothèque municipale de Remiremont.

Nous arrivons à la fameuse Bulle *Unigenitus*.

Le cardinal de Rohan, quoi qu'en dise cette méchante duchesse d'Orléans, était un prélat d'une naissance illustre, formé par les grâces pour l'esprit et la figure, magnifique dans sa dépense, avec des mœurs voluptueuses et galantes, dont une représentation de grand seigneur couvrait le scandale. Cet éminent prélat se reposait de la *doctrine* sur des savants dont il était le bienfaiteur, et des fonctions épiscopales sur un domestique mîtré. Ces premiers princes de l'Eglise ne regardaient pas autrement les évêques *in partibus*, quoique souvent très-estimables, qui leur étaient attachés.

Le cardinal de Rohan, comblé de biens et d'honneurs, paraissait n'avoir rien à prétendre, lorsque la mort du cardinal de Janson fit vaquer la place de grand-aumônier.

Tellier (le père) profita de la conjoncture pour engager le cardinal. Il alla le trouver, et lui proposa brusquement d'entrer dans la *ligue* (contre le Jansénisme) et la Grande-Aumônerie pour prix de l'engagement. Le caractère du cardinal l'éloignait des intrigues qui pouvaient troubler ses plaisirs. D'ailleurs, il était attaché d'inclination, de respect et de reconnaissance au cardinal de Noailles, qui l'avait élevé comme son fils, le chérissait, et qui, ne pouvant en faire un saint, le laissait un homme aimable dans la société, et un prélat tranquille dans l'église.

Rohan fut effrayé de la proposition, mais sa douceur naturelle l'empêcha de répondre avec la hauteur qui lui convenait, ou avec l'indignation que méritait l'insolent jésuite. Il chercha des excuses dans la reconnaissance qu'il devait au cardinal de Noailles, et que la princesse sa mère lui avait recommandée en mourant. Tellier traita ces sentiments d'enfances. Le cardinal, pressé de plus en plus, offrit la neutralité ; le jésuite la rejeta, déclarant qu'il fallait opter, prendre parti pour ou contre la Société. Le cardinal demanda du temps pour y réfléchir. « Je vous donne trois jours, « reprit Tellier en le quittant, pour y penser ; mais pensez « aussi que la Grande-Aumônerie ne peut pas être long- « temps vacante. »

Le cardinal, interdit de l'audace du jésuite, en alla rendre compte au maréchal de Tallart, dont le fils avait épousé la nièce du cardinal. Le maréchal, qui prétendait se servir de Rohan pour entrer au Conseil, ne vit dans l'impudence du jésuite que la preuve d'un énorme crédit, et dit au cardinal qu'il devait être flatté du poids qu'on donnait à son nom ; qu'il laisserait à des prélats subalternes les disputes et les platitudes scholastiques ; qu'il ne serait qu'un grand seigneur de représentation ; qu'il devait à son honneur et par conséquent à sa conscience, de ne pas laisser échapper la place de Grand-Aumônier ; que, s'il cédait à de vains scrupules, il se verrait éclipser par Bissi, fait pour le suivre partout. Le maréchal, qui ne croyait pas aux consciences de cour, ni à la reconnaissance, traita de fausse délicatesse celle dont le cardinal se piquait dans une occasion unique. Il le séduisit par des louanges, l'effraya de la puissance des jésuites, et le livra enfin au père Tellier. Ce fut ainsi que le cardinal de Rohan devint malgré lui le chef d'une cabale. Une compassion assez voisine du mépris le sauva de la haine publique. Il ne prêta guère que son nom, son palais et sa table aux prélats du parti, et sa voix au père Tellier dont il recevait bénignement les ordres et l'avouait quelquefois avec humilité.[1]

Cependant le roi, voulant recevoir une bulle que son confesseur lui faisait croire qu'il avait demandée, ordonna une assemblée des évêques qui se trouvaient à Paris. Il y en avait quarante-huit, non compris le cardinal de Noailles, et ils s'assemblèrent pendant quatre mois, sans pouvoir parvenir à l'unanimité des sentiments. Enfin quarante, à la tête desquels était Rohan, et derrière eux Tellier, acceptèrent la bulle, et huit unis à Noailles, demandèrent des explications.

En 1718, le 7 Juin, M. le cardinal de Rohan publia son mandement pour l'acceptation de la bulle *Unigenitus,* dont il adressa un exemplaire aux différents corps ecclésiastiques de son diocèse et notamment à celui du grand-chœur, dont la plupart des membres étaient nés dans des diocèses de France. Le grand-chœur s'assembla le 25 Septembre suivant. Il reçut le mandement avec respect et le fit déposer dans ses archives. Le prince-évêque renouvela

---

[1] *Mémoires secrets sur les règnes de Louis XIV et de Louis XV.* T. I, p. 130 et suiv.

à ce corps, à cette occasion, les sentiments d'estime, de
considération et d'amitié, dont il avait toujours honoré ses
membres. « Quoique je n'aie jamais douté, dit-il dans sa
lettre, de la sincérité de votre attachement pour moi, et
que vous m'en ayez donné des preuves distinguées dans
tous les temps, ces dernières marques de votre zèle ont
beaucoup augmenté l'idée que j'en avais. Vous ne pouviez
rien faire, qui me touchât plus sensiblement et qui excitât
davantage ma reconnaissance. Ces témoignages de votre
amour pour la religion, de votre soumission et de votre
respect pour l'Eglise méritent une distinction que vous avez
déjà dans mon cœur. »[1]

[1] *Archives du Grand-Chœur de la Cathédrale de Strasbourg.*

# LE ROI DE POLOGNE STANISLAS LECZINSKI

## *ET SA FILLE MARIE*

## CHEZ LE CARDINAL DE ROHAN

C'est au couvent de Græfenthal, près de Sarrebruck, que le roi de Pologne détrôné fit la connaissance du cardinal de Rohan. Un nouveau malheur frappait le pauvre monarque : son protecteur, Charles XII, venait de mourir, et la réduction considérable que cet événement faisait subir à ses revenus, jointe au maintien du séquestre de ses biens patrimoniaux, allait lui imposer de grandes privations, quand le cardinal de Rohan lui fit obtenir une pension du gouvernement français. Cette libéralité décida le prince découronné à se fixer en France. Il choisit le château de Wissembourg que la famille de Weber mit à sa disposition.

Des relations intimes s'établirent donc entre Stanislas Leczinski et le cardinal-évêque de Strasbourg et le roi polonais allait souvent au château épiscopal de Saverne.

# M<sup>lle</sup> DE CLERMONT EN ALSACE

## CHEZ LE CARDINAL DE ROHAN

Il existe un « *Journal historique du voyage de S. A. S.*
*M<sup>lle</sup> de Clermont* (princesse du sang) *depuis Paris jusqu'à*
*Strasbourg, du mariage du roi, et du voyage de la reine*
*depuis Strasbourg jusqu'à Fontainebleau* », par le chevalier
Daudet, de Nismes, ingénieur-géographe de Leurs Ma-
jestés. 1725.

A la date du 11 Août 1725, on y lit ce qui suit :
« . . . . . S. A. S. arriva enfin à Saverne sur les 8 heures,
où elle fut saluée, en entrant dans la ville, par toute l'artillerie du château et par la mousqueterie de la bourgeoisie
qui en bordoit les rues.

« S. E. M. le cardinal de Rohan reçut la princesse
dans son palais, au bas du vestibule, accompagné de M. le
duc d'Olonne, de M. du Harlay, intendant d'Alsace, de
M. le comte de la Feuillade, et de grand nombre d'autres
seigneurs, tant François qu'Allemands. Dans le temps que
S. A. S. recevoit les compliments de S. E., la princesse de
Montauban, Mesdames de Tallard, de Montbazon et de
Prie, vinrent témoigner leur joie à la princesse sur son
heureuse arrivée et la conduisirent dans son appartement,
où elle passa quelque temps à en admirer la beauté et à

s'entretenir avec S. E. et les dames que nous venons de citer. M. le duc d'Antin arriva peu de temps après, de Strasbourg, qui vint saluer la princesse.

« Le souper fut servi à 9 heures, avec toute la magnificence possible, dans la grande salle du château qui a 30 pas communs de long sur 22 de large, où règne tout autour, en forme de corniche, une balustrade ou galerie, où purent se mettre plus de 1200 personnes pour voir souper la princesse ; cette salle, de même que l'appartement destiné pour la reine, est un des plus beaux, des plus riches et des plus magnifiques de l'Europe. Les seigneurs et dames qui eurent l'honneur de souper avec la princesse furent S. E. M. le cardinal, M. le duc d'Antin, M. le duc d'Olonne, M. du Harlay, intendant d'Alsace, M<sup>me</sup> la princesse de Montauban, les duchesses d'Epernon, de Tallard et de Montbazon ; M<sup>mes</sup> de Nesle, de Prie, de Ribérac et M<sup>lle</sup> de Villeneuve.

« A côté de la salle, où soupoit la princesse, on servoit aussi une autre table, où étoient grand nombre de seigneurs tant François qu'Allemands. Après le souper, on passa quelque temps au jeu jusqu'au coucher de la princesse.

« Un détachement du régiment de Tournoisis gardoit l'intérieur du palais, et la bourgeoisie faisoit garde toute la nuit auprès des équipages.

« Du 12 Aoust 1725. Séjour à Saverne. — Pendant le lever de la princesse, qui fut à 11 heures, plusieurs dames et seigneurs de la cour se rendirent au Palais pour la saluer. Le roi Stanislas, qui étoit arrivé de Strasbourg incognito, sur les 10 heures, ayant témoigné à M<sup>me</sup> la

marquise de Prie, dame du palais de la reine, l'empresse-
ment qu'il avoit de voir S. A. S., cette dame en avertit la
princesse, qui reçut S. M. à la porte de sa chambre. On ne
peut exprimer ici la joie qu'ils ressentirent de cette première
entrevue, et les tendres compliments qu'ils se firent mu-
tuellement : leur conversation dura un quart d'heure, après
laquelle S. M. se retira pour laisser habiller S. A. S., qui
conduisit S. M. jusqu'au bout de son appartement. Peu de
temps après, S. E. M. le cardinal de Rohan et M. le duc
de Noailles, qui étoit arrivé de Strasbourg, vinrent saluer
S. A. S. Après le lever de la princesse, on avertit S. A. S.
que le régiment des Carabiniers et celui des Houssarts
étaient dans le jardin du palais, prêts à passer en revue
devant S. M. et S. A. S. Le roi vint au-devant de la princesse, et ils furent se placer sur les balcons de l'appartement
de la reine, accompagnés de S. E., de M. le duc de Noailles
et de tous les autres seigneurs et dames de la cour. Le
régiment des Carabiniers étoit rangé en bataille devant le
même appartement : ils défilèrent quatre à quatre, et saluèrent en passant S. M. et S. A. S. On fit ensuite avancer
le régiment des Houssarts, ayant à sa tête M. de Bérischy,
qui en est colonel, qui s'étant mis un moment en bataille,
le sabre à la main, avec timbales et trompettes, ils défilèrent
quatre à quatre, et saluèrent en passant le roi et S. A. S.,
qui trouvèrent ces troupes fort belles et en très-bon état.
Cette revue fit plaisir à la princesse, de même que la vue
du jardin qu'elle découvroit par là dans toute son étendue
et dont le canal, qui a près d'une demi-lieue de longueur,
en fait un des plus beaux ornements.

« La revue étant faite, S. A. S. admira pendant quelque temps la beauté et la magnificence de l'appartement de la reine, et entendit ensuite la messe dans la chapelle du palais, après laquelle le roi et S. A. S. se mirent à table. Les seigneurs et dames qui eurent l'honneur de manger à leur table, furent S. E. le cardinal de Rohan, M. le duc de Noailles, M. l'Intendant, MM. les comtes de Lautrec, de la Feuillade et de Bérischy, la princesse de Montauban, les duchesses de Tallard et de Montbazon, M^mes de Nesle, de Rupermonde, de Ribérac, de Bergeret et M^lle de Villeneuve.

« A côté de la table du roi et de S. A. S. l'on en servoit une autre, où étoient M. le duc d'Olonne, M^me la duchesse d'Epernon, M^me de Prie, et plusieurs autres seigneurs tant François qu'Allemands ; et dans une antichambre à côté l'on servit aussi la table des principaux officiers du roi et de S. A. R.

« Peu de temps après le dîner, S. M. prit congé de S. A. R. et partit pour Strasbourg, escortée par un détachement de trente maîtres de Carabi iers. M. le duc de Noailles et M. l'Intendant partirent aussi pour Strasbourg.

« Sur les 4 heures, M^me la maréchale de Boufflers arriva de Sarrebourg, avec les équipages du roi, accompagnée des duchesses de Boufflers, de Béthune et de M^me d'Egmont. M. le cardinal s'étant aperçu de l'arrivée de M^me la maréchale, vint la recevoir dans son vestibule et la conduisit dans son appartement. Les dames étant arrivées, furent saluer la princesse, et l'on joua alors jusqu'à l'heure de la promenade.

« A 6 heures, S. E. vint inviter S. A. S. à la promenade avec les dames de la cour; l'on fit tout le tour du
canal, qu'on trouva très-beau, de même que tout le jardin.

« L'on conduisit la princesse au bois de la Mousson,
où est la Faisanderie, et l'on donna à la princesse le diver-
tissement de la chasse au cerf et au lièvre, dont elle fut
très-contente; au retour de la promenade on joua jusqu'au
souper, et pendant le souper arriva M. le marquis de
Nangis, dont la présence fit plaisir à S. E. et à toute la
compagnie; le souper fut servi à 9 heures.

. . . . . . . . . . . . . . . . . . . . . . . .

« Deux autres tables furent aussi servies en même
temps pour tous les autres seigneurs françois et allemands
et pour les principaux officiers de S. A. S. Après le souper,
on joua jusqu'au coucher de la princesse. Le détachement
du régiment de Tournoisis fit garde toute la nuit dans le
palais et la bourgeoisie auprès des équipages, comme
ci-devant.

« Du 13 Aoust 1725. Second séjour à Saverne. — La
princesse se leva à 7 heures et partit à 8 heures pour aller
à Strasbourg incognito, dans les carrosses de S. E.

. . . . . . . . . . . . . . . . . . . . . . . .

« La table de la princesse à Saverne fut servie comme
à l'ordinaire; S. E. M. le cardinal et M^me la maréchale
de Boufflers en firent les honneurs.

. . . . . . . . . . . . . . . . . . . . . . . .

« S. A. S. arriva à Strasbourg sur les 5 heures et demie
dans les carrosses de S. E., conduite par le sieur Duval, son

écuyer. Et après son arrivée vint une troupe de danseurs et de danseuses allemands avec leurs hautbois et violons, qui, après avoir présenté à S. A. S. différents gâteaux faits à la mode du pays, dont elle goûta, de même que toute sa cour, la divertirent ensuite par leurs différentes danses qu'ils répétèrent plusieurs fois dans la grande salle du palais. Quelques seigneurs ou particuliers, voulant profiter de cette fête, dansèrent aussi les mêmes danses, en présence de S. A. S., qui fit récompenser largement les danseurs allemands. L'on s'occupa ensuite du jeu jusqu'au souper, où S. A. S. n'assista pas. M^{me} la maréchale de Boufflers fit les honneurs de la table. S. E. fut servie en particulier avec M. le comte de Lautrec, Mesdames de Béthune et de Rupermonde. La table des autres seigneurs et des officiers de S. A. S. fut servie de même que les autres jours.

« Du 14 Aoust 1825. Départ de Saverne. — S. A. S., après son lever qui fut à 11 heures, entendit la messe dans la chapelle du château, après laquelle on servit le dîner. A 1 heure, S. A. S. partit pour Strasbourg et fut saluée, en sortant, par toute l'artillerie du palais. A la sortie du jardin, qu'elle traversa, une brigade de la maréchaussée d'Alsace, destinée pour la garde de sa personne, l'escorta jusqu'à Strasbourg.

. . . . . . . . . . . . . . . . . . . . . . .

« Du 17 Aoust 1725. — Départ de Strasbourg. — « . . . . . . . . . Le roi Stanislas, M. le duc d'Orléans, le duc d'Antin et M. de Beauvau, partirent avant la reine (de Wiltzheim, à 4 lieues de Strasbourg, lieu indiqué pour la dînée) pour la recevoir à Saverne. Elle partit sur les 4 heures

de Wiltzheim et arriva à 7 heures à Saverne, ville non
fortifiée, sur la Soor, rivière, diocèse de Strasbourg, et
éloignée de cette ville de 7 lieues, et fit son entrée par les
allées du jardin du palais, qui étoient bordées par un détachement de 150 hommes du régiment de Pons et autant de
celui de Batan-Suisse. Le prince de Pons salua la reine
avec l'esponton, et S. M. fut reçue à la porte du palais par
M. le duc d'Orléans, M. le cardinal de Rohan, le prince
et la princesse de Montauban, la duchesse de Montbazon,
le duc d'Olonne, le Grand-Prieur, le marquis de Beauvau,
MM. du Harlay, intendant d'Alsace, et de Creil, intendant
des Trois-Evêchés.

« M. le cardinal de Rohan et M. de Dreux présentèrent
à S. M. les officiers de la ville, avec les clefs des portes
dans un bassin d'argent. S. M. les ayant reçues dans ses
mains, les remit en même temps au duc de Noailles, qui
les rendit à ces mêmes officiers.

« Pendant cette réception, tous les canons de la ville
ou du palais firent plusieurs décharges. S. E. conduisit la
reine dans son appartement, où S. M. trouva le roi Stanislas, le maréchal du Bourg et le duc d'Antin. S. M. y
passa le temps à la conversation et à ses exercices de piété
jusqu'à son souper, qui fut servi à 8 heures et demie à son
petit couvert. S. E. y fit la fonction de grand-aumônier,
et Mᵐᵉ de Mailly servit la reine à table. Le roi Stanislas
ne soupa point...... La table de S. A. S. Mˡˡᵉ de Clermont fut servie avec autant de profusion que de magnificence, aux dépens de S. E. Les dames du palais et M. le
duc de Noailles eurent l'honneur de souper avec S. A. S.

Outre le repas de S. A. S., S. E. donna encore un grand souper à M. le duc d'Orléans dans son petit château, où assistèrent tous les seigneurs et quelques dames de la cour; ce souper peut s'appeler, sans exagération, un festin royal par son abondance, sa bonté et sa magnificence. M. le duc d'Orléans parut en être très-content et loua beaucoup le zèle, la générosité et la bonne grâce, avec lesquels S. E. faisait les honneurs de sa maison. Il y eut des illuminations dans toutes les rues de Saverne, et des feux de joie qui durèrent toute la nuit. Le détachement du régiment de Pons fit garde aux environs du palais et la bourgeoisie auprès des équipages.

« Du 18 Aoust 1725. — Départ de Saverne. — Le roi Stanislas, après son lever, alla rendre visite à la reine, sa fille; personne, ce jour-là, n'entra au lever de S. M. que les personnes qu'elle fit appeler. MM. le maréchal du Bourg, le duc d'Antin, le marquis de Beauvau et le marquis de Nangis se trouvèrent à la toilette de M^{lle} de Clermont. Le roi Stanislas l'honora aussi de sa présence pendant quelque tems, après quoi le roi retourna chez la reine avec M. le duc d'Orléans, où ils restèrent jusqu'à ce que la reine voulût entendre la messe dans la chapelle du palais, après laquelle S. M. dîna avec le roi son père. M^{me} la marquise de Nesle, avec son air gracieux et son agréable conversation, fut pré- sente à ce repas et fit tout ce qu'elle put pour détourner les larmes et les soupirs de S. M. qui ne pouvoit jeter les yeux sur le roi son père, qu'elle ne renouvelât les douleurs de la séparation. L'auteur ne put être longtems témoin de la tristesse de la reine et fut voir ce qui se passoit dans le reste

du palais. Il trouva dans le grand salon S. A. S. M^lle de
Clermont qui dînait avec les dames du palais, aussi magnifiquement servie que le jour précédent; il monta ensuite dans
le petit château, où il fut témoin du second festin que S. E.
donnoit à M. le duc d'Orléans et à tous les seigneurs de la
cour . . . . . . S. A. S. M. le duc d'Orléans et S. E. M. le cardinal ayant appris par un faux bruit que S. M. se préparoit
à partir, quittèrent promptement leur festin, et étant descendus dans le grand salon, trouvèrent encore S. A. S. M^lle de
Clermont qui étoit au fruit. M. le duc d'Orléans et S. E.,
charmés de cette agréable rencontre, se dédommagèrent de
la peine qu'ils avoient eue de quitter leur table et firent
collation, en passant, à la table de la princesse, qui en mar-
qua sa joie. Après le dîner de la reine, le roi Stanislas, après
un moment de conversation avec la reine, sa fille, parut
sur la fin du repas de S. A. R. M^lle de Clermont qui, apercevant S. M., se leva de table. Le roi Stanislas l'embrassa,
de même que toutes les dames du palais, et partit ensuite,
feignant d'aller à Sarrebourg.

« Mgr. le duc d'Orléans le suivit, de même que M. le
duc d'Antin et plusieurs autres seigneurs, et la reine partit
enfin de Saverne pour aller coucher à Sarrebourg. Le prince
de Pons salua la reine à son départ, à la tête de son détachement; les Carabiniers qui étoient dans la place du palais,
précédèrent la marche et la bourgeoisie se trouva ce jour-là
sous les armes dans les rues. Toute l'artillerie fit feu à la
sortie de la ville, et la maréchaussée d'Alsace qui étoit en
dehors, précéda les Carabiniers. Sur la hauteur de la montagne de Saverne, l'on trouva le roi Stanislas à cheval,

accompagné de Mgr. le duc d'Orléans, de M. de Clermont et des deux intendants d'Alsace et de Metz ; les marquis de Nangis, de Dreux, et le comte de Tesse, étant descendus de carrosse, prirent congé du roi, et la reine apercevant le roi, son père, lui tendit plusieurs fois la main à la portière de son carrosse, où il se tint pendant quelque temps. »

# LE CARDINAL DE ROHAN

## AU MARIAGE DE LOUIS XV

En 1725, le 15 du mois d'Août, se fit dans la cathédrale, le mariage de Louis XV, roi de France (représenté par Louis, duc d'Orléans, premier prince du sang), avec la princesse Marie, fille de Stanislas Leczinski, roi de Pologne, et de Catherine Opalinska, son épouse. Un ban de mariage avait été publié le 22 Juillet précédent tant en la paroisse de Versailles qu'en celle de Saint-Jean de Wissembourg. MM. les cardinaux de Noailles, archevêque de Paris, et de Schœnborn, évêque de Spire, avaient dispensé des deux autres publications. Les fiançailles furent célébrées le 14 Août dans l'hôtel du gouvernement par M. le cardinal de Rohan. Le lendemain, la cérémonie fut annoncée par tous les canons des remparts. La nef et le chœur de la cathédrale furent ornées des tapisseries de la couronne. Le clergé séculier et régulier s'y rendit sur les 10 heures du matin et se rangea en haie dans les deux côtés de la nef. Vers les 11 heures, le cardinal de Rohan reçut la princesse à la porte de l'église cathédrale et lui présenta de l'eau bénite; puis, précédé de son clergé, il s'avança vers le grand autel. La princesse venait après lui entre son père et sa mère, le roi et la reine

de Pologne, et était suivie de M. le duc d'Orléans, représentant le roi de France, de M. le duc d'Antin, et de
M. le comte de Beauvau, tous deux ambassadeurs extra-
ordinaires du roi. Etant arrivés dans le chœur, la princesse, le roi et la reine se mirent sur un grand prie-dieu,
couvert d'un tapis de velours cramoisi, sous un dais
suspendu au milieu du sanctuaire. Il y avait trois fauteuils
sur ce prie-dieu. Celui du milieu était pour la princesse
et les deux autres pour le roi et la reine. M. le duc d'Orléans se plaça sur une estrade à deux degrés couverte d'un
tapis. Elle était contre le pilier le plus proche du prie-
dieu du côté de l'épître, vis-à-vis le trône de M. le cardinal qui était sous un dais du côté de l'Evangile sur une
estrade aussi à deux marches. Il y avait sur celle de M. le
duc d'Orléans un tabouret et un carreau pour lui et une
petite banquette pour les deux ambassadeurs.

Dès que Leurs Majestés et la princesse eurent fait
leur prière sous le dais, M. le cardinal se tourna vers le
prie-dieu pour commencer la cérémonie. La princesse, à
qui le roi son père donnait la main, et M. le duc d'Orléans, y vinrent aussitôt. M. le duc se mit à la droite de
la princesse et le roi à sa gauche. M. le cardinal commença
par un discours également solide et éloquent qui dura
près de six minutes. En voici le texte :

« Madame,

« Quand je vous vois dans ce saint temple et que
vous approchez de nos autels pour y contracter l'auguste
alliance qui va vous unir au plus grand des rois et au

3

plus aimable des princes, j'adore les desseins de Dieu sur vous, et j'admire avec transport par quelle route la Providence vous conduit au trône sur lequel vous allez monter. Vous êtes, Madame, d'une maison illustre par son ancienneté, par ses alliances et par les emplois éclatants que les grands hommes qu'elle a donnés à la Pologne ont successivement remplis avec tant de gloire. Vous êtes fille d'un père qui, dans les différens événemens d'une vie agitée par la bonne et par la mauvaise fortune, a toujours réuni en lui l'honnête homme, le héros et le chrétien. Vous avez pour mère et pour ayeule des princesses qui, semblables à Judith et à cette femme forte dont l'Ecriture fait le portrait, se sont attiré la vénération et le respect de tout le monde par la fidélité avec laquelle elles ont toujours marché dans la crainte du Seigneur. On voit en votre personne, Madame, tout ce qu'une naissance heureuse et une éducation admirable soutenue par des exemples également forts et touchans ont pu fournir de plus accompli; en vous règnent cette bonté, cette douceur et ces grâces, qui font aimer ce que l'on est obligé de respecter; cette droiture de cœur à laquelle rien ne résiste; cette supériorité d'esprit et de connaissance qui se fait sentir malgré vous, pour ainsi dire, et malgré la modestie et la noble simplicité qui vous sont naturelles; enfin, et c'est ce qui met le comble à tant de mérites, ce goust pour la piété et cet attachement aux vrais principes de religion qui animent vos actions et qui font la règle de votre conduite. Ornée de toutes ces vertus, à qu'elle couronne n'auriez-vous pas eu le droit d'aspirer, sans l'usage qui assujettit en quelque sorte les roys à ne prendre qu'autour du trône les princesses qu'ils veulent faire régner avec eux. Celuy qui donne les empires, met le sceptre de Pologne entre les mains du prince de qui vous tenez la vie, et par là, en décorant le père, il conduit insensiblement la fille aux hautes destinées qu'il luy prépare ; mais, ô mon Dieu ! que vos desseins sont impénétrables ! et que les voies dont vous vous servez pour faire réussir les conseils de votre sagesse, sont au-dessus de la prudence humaine ! A peine ce prince est-il sur le trône, où le choix des grands et l'amour du peuple l'avaient placé, qu'il se voit forcé de le quitter, il est abandonné, trahi, persécuté ; un coup fatal luy enlève un héros, son ami et le principal fondement de ses espérances ; il cède aux circonstances sans que son courage en soit ébranlé ; il cherche un asyle dans la patrie commune des roys infortunés ; il vient en France ; vous l'y suivez, Madame. Tout ce qui vous y voit, sensible à vos malheurs, admire votre vertu ; l'odeur s'en répand jusqu'au trône d'un jeune monarque qui, par l'éclat de sa couronne, par l'étendue de sa puissance et plus encore par les charmes de sa personne, pouvoit choisir entre toutes les princesses du monde ; guidé par de sages conseils, il fixe son choix sur vous, et c'est ici que le doigt de Dieu se manifeste ; il se sert du malheur même qui sépare le roy, votre père, de ses sujets et qui vous enlève à la Pologne pour nous donner en vous une reine qui sera la gloire d'un père et d'une mère, dont elle fait la consolation et les délices ; une reine qui rendra heureuse la nation la plus digne de l'être, au moins par son respect et par sa fidélité pour ses souverains ; une reine

qui, inviolablement attachée à ses devoirs, pleine de tendresse et de respect pour son époux et pour son roy, et
sagement occupée de ce qui peut lui procurer le solide
bonheur, rappellera les tems de l'impératrice Flaccile,
dont l'histoire nous apprend que n'ayant jamais perdu de
vue les préceptes de la loy divine, elle en entretenoit assi-
duement le grand Théodose, et que ses paroles, comme
une pluie féconde, arrosoyent avec succès les semences de
vertu que Dieu avait mises dans le cœur de son époux.
Venez donc, Madame, venez à l'autel; que les engagemens
que vous allez prendre, saints par eux-mêmes (puisque,
selon l'apôtre, ils sont le symbole de l'union de Jésus-
Christ avec son Eglise), soient encore sanctifiés par vos
dispositions; pénétrée de ce que vous devez à Dieu, faites
lui hommage de ce que vous êtes et de ce que vous allez
être; reconnoissez qu'en couronnant vos mérites, il couronne ses dons. Et vous, chrétiens qui m'écoutez, en voyant
les récompenses qui sont données, dès ce monde, à la vraie
vertu, apprenez à la respecter et à l'aimer ! »

Après ce discours, le duc d'Orléans et la princesse se
donnèrent la main, et le cardinal les maria suivant les
formes prescrites par le rituel de Strasbourg. Le cardinal
célébra ensuite pontificalement la grand'messe, qui était
celle de la fête de l'Assomption de la sainte Vierge. Elle
fut chantée en musique et on y dit des collectes particu-
lières pour demander la bénédiction de Dieu sur ce nouveau mariage. Le cardinal, en allant de l'autel à son trône,
salua d'abord l'autel, puis la nouvelle reine, le roi et la
reine de Pologne, qui rendirent le salut. A la préface, le

diacre les encensa tous trois. Après le *Pater,* la reine de France et M. le duc d'Orléans s'avancèrent vers l'autel, et s'étant mis à genoux sur les marches, on étendit sur leurs têtes un poële d'étoffe d'argent qui était tenu par le comte Pierre d'Antin, évêque-duc de Langres, et par le comte Charles-Ernest-Joseph de Truchsess, tous deux chanoines capitulaires. Le cardinal ayant dit sur eux les oraisons portées par le rituel, la reine et le duc retournèrent à leurs places. A la communion, le diacre porta la patène à baiser à la reine de France, au roi et à la reine de Pologne.

Après la messe, le cardinal entonna le *Te Deum,* à la fin duquel il dit la collecte en actions de grâces. Il porta ensuite le corporal à baiser à la reine, et lui présenta l'acte de célébration de mariage à signer sur deux registres, l'un de la paroisse de Saint-Laurent à la cathédrale, et l'autre de celle de Saint-Louis. Il fut ensuite signé par le roi et la reine de Pologne, par M. le duc d'Orléans, par MM. le duc d'Antin et le comte de Beauvau, comme témoins de la part du roi de France, par MM. le prince de Pons et le comte du Bourg, comme témoins de la part de la reine. Le curé de la cathédrale, où s'était fait le mariage, et celui de Saint-Louis, en la paroisse duquel demeurait la reine, signèrent ensuite, et après eux le cardinal de Rohan. De là, S. E. reprit la chape et la mître, et, précédé de tout le clergé, il retourna à la grande porte de l'église, où il fit un second discours, dont la teneur suit :

« Madame,

« Permettez-moi, à la fin de l'auguste cérémonie qui comble nos espérances et nos vœux, de demander à Votre

Majesté sa protection royale pour l'église de Strasbourg. Cette église n'a point oublié et n'oubliera jamais les bienfaits signalés qu'elle a reçus de nos premiers roys; mais que ne doit-elle pas à notre dernier monarque? Livrée par le malheur des tems aux fureurs du schisme et de l'hérésie, elle auroit peut-être péri comme bien d'autres, si ce grand prince, en rentrant dans les droits de ses ancêtres, n'avoit pris sa défense et ne l'avoit soutenue de tout son pouvoir. Elle luy doit l'avantage de se voir rétablie dans la possession de ce saint temple dont elle avoit été bannie. Tout nous rappelle icy sa pieuse et royale magnificence : les temples ornés, les pasteurs libéralement entretenus, les missions fondées, les nouveaux convertis protégés et secourus, sont autant de monumens du zèle et de la piété d'un roy dont la mémoire ne finira jamais. Il n'a pas eu la consolation d'achever l'ouvrage qu'il avait entrepris, c'est-à-dire la réunion de toutes les brebis de cet illustre troupeau dans un même bercail : elle étoit réservée au digne héritier de son zèle et de sa couronne; ce sera vous, Madame, qui représenterez à votre auguste époux ce qu'exigent de luy le souvenir de son bisayeul, sa propre gloire et nos besoins qui sont ceux de la religion; vous ne demanderez point que l'on ait recours à ces voyes qui aigrissent sans persuader, elles ne seroient point du goust de Votre Majesté, et à Dieu ne plaise que nous voulussions les luy suggérer; ils sont vos sujets, Madame, ces enfans qui nous méconnoissent : et l'église de Strasbourg, pleine de confiance dans la miséricorde de Dieu, se regarde toujours comme leur mère. Nous vous conjurons donc, par les entrailles de Jésus-Christ, d'employer, pour procurer leur réunion, tout ce qu'une charité active mais compatissante pourra vous inspirer. Dieu bénira les soins de Votre Majesté et nos désirs, et il se servira des exemples de votre piété et de votre foy, pour confondre enfin l'erreur et pour faire triompher la vérité.

« Régnez longtems sur nous, Madame, pour le bonheur du roy et pour la félicité de ce grand royaume; que Dieu exauce les prières que l'Église vient de luy offrir pour Votre Majesté, et daignez nous mettre au rang de vos sujets les plus zélés et les plus fidèles. »

# LE CARDINAL DE ROHAN

DANS LA

## MAGNIFICENCE DU CHATEAU DE SAVERNE

Pendant son séjour en Alsace, le marquis de Valfons visita l'évêque au château de Saverne. C'était en 1741. Il nous racontera lui-même, dans ses *Souvenirs,* ce qu'il vit chez le prélat.

« Je soupai chez M. le cardinal de Rohan qui avoit un état de souverain et où toute la province se rassembloit ; j'allai plusieurs fois à Saverne ; le château, le parc, tout y est grand ; M. le cardinal l'ornoit de sa présence. La beauté de son visage toujours souriant inspiroit de la confiance ; il avoit la vraye physionomie de l'homme destiné à repré- senter ; l'ensemble de ses traits lui donnoit toujours cet air qui fait adorer ; un regard qui ne lui coûtoit rien étoit une politesse. On jugera de l'immensité du château et de la quantité de gens qui l'habitoient : l'abbé de Ravennes, qui étoit à la tête de tout et dont l'amitié et les soins avoient payé les dettes et arrangé les affaires très-délabrées du car- dinal, me disoit que depuis le garçon de cuisine jusqu'au maître de la maison, tout compris, on comptait 700 lits.

« Il y avoit toujours 20 à 30 femmes des plus aimables de la province. Très-souvent ce nombre étoit augmenté par celles de la Cour et de Paris. La plus grande liberté y régnoit; un maître d'hôtel parcouroit le matin les appartements, prenant note de ceux qui vouloient être servis chez eux, soit seuls, soit ensemble. On avoit le plus excellent dîner à l'heure demandée; ceux qui descendoient dans la salle à manger en trouvoient un non moins bon. Des chevaux, il y en avoit 180, et des calèches à volonté. Le soir, il falloit être à 9 heures à l'appartement, et tout le monde soupoit ensemble, ce qui avoit toujours l'air d'une fête....

« Avec un pareil maître de maison, tout est bonheur; aussi le temple ne désemplissoit pas, et il n'étoit femme ou fille de bonne maison qui ne rêvât Saverne. Je remarquai que tout y étoit de bon conseil, jusqu'au dessus des portes, où il y avoit pour légende un mot latin, *suadere,* qui veut dire persuader. Chacun y travailloit, et souvent le succès suivoit le désir. J'y ai vu les plus belles chasses : 600 paysans rangés avec des gardes de distance en distance formoient une chaîne d'une lieue, parcourant un terrain très-immense devant eux, en poussant des cris, battant les bois et les buissons avec des gaules.

« On étoit à les attendre au bas des coteaux où ils conduisoient toute sorte de gibier; on n'avoit qu'à choisir pour tirer. On faisoit trois battues comme cela jusqu'à 1 heure après midi, où la compagnie, femmes et hommes, se rassembloient sous une belle tente au bord d'un ruisseau, dans quelque endroit délicieux; on y servoit un dîner exquis, assaisonné de beaucoup de gaîté; et comme il falloit que tout le monde fût heureux, il y avoit des ronds et des tables creusés dans le gazon pour tous les paysans. On distribuoit par tête une livre de viande, deux livres de pain et une demi-bouteille de vin. La halte finie, le chaud un peu passé, chacun alloit reprendre de nouveaux postes, et la battue recommençoit. On choisissoit son terrain pour se mettre à l'affût, et de crainte que les femmes n'eussent peur étant seules, on leur laissoit toujours l'homme qu'elles haïssoient le moins pour les rassurer. Il était extrêmement recommandé de ne quitter son poste qu'à un certain signal, afin d'éviter les accidents de coups de fusil; tout étoit prévu, car, avec cet ordre, il devenoit impossible d'être surpris. Il m'a paru que les femmes, à qui j'avois entendu le plus fronder le goût de la chasse, aimoient beaucoup celle-là. La journée finie, on payoit bien chaque paysan, qui ne demandoit qu'à recommencer, ainsi que les dames.

« Tout respiroit la liberté comme la magnificence : un jour maigre, le cardinal me demanda si j'étois descendu aux cuisines; c'étoit une chose curieuse. Il m'y mena un quart d'heure avant qu'on ne servît: quel fut mon étonnement de voir un étalage de la batterie la plus nombreuse tout en argent!

« L'abbé de Ravennes, vieux conseiller d'État, avait toujours de l'humeur, surtout le matin; en parcourant les corridors et les appartements, il trouvoit le tout plein de poudre, crioit pour les meubles et se plaignoit à M. le cardinal de l'indiscrétion publique.

« — Qui le sait mieux que moi, Monsieur l'abbé? Je ne suis occupé le soir qu'à regagner ceux avec qui vos criailleries du matin m'ont brouillé.

« — Mais les meubles?

« — Eh bien, on les frottera, on les remplacera ; liberté et facilité, Monsieur l'abbé ; sans quoi nous ferions de ceci un désert.

« J'étois assez souvent à table près de lui ; sa causticité me plaisoit, et puis il avoit des anecdotes curieuses, dont je tirois parti.

« Un soir que le hasard avoit mis à sa gauche une très-jolie femme, un jeune homme placé près d'elle, de l'autre côté, allongeant le pied sous la table, jouissoit de tout son bonheur en sentant un pied répondre au sien avec vivacité ; mais quel fut son étonnement d'entendre l'abbé de Ravennes lui dire tout haut et impatienté :

« — Vous voyez bien, Monsieur, que je ne suis pas femme à ça.

« C'étoit sur le pied de l'abbé que ce monsieur témoignoit ses désirs ; je n'ai jamais vu de meilleure scène.

« L'électeur de Cologne, grand par sa naissance comme par son état et ses revenus, ne pouvoit revenir de l'étonnement que lui causoit la magnificence du cardinal. Il est vrai qu'il vivoit en souverain. Manuzie (?), une autre de ses habitations, n'est point aussi grandiose ; c'est un genre plus sauvage, moins embelli, mais très-agréable, surtout par ses belles chasses. Il fallut quitter ces résidences enchantées pour retourner à Strasbourg. »

Armand-Gaston de Rohan appela à Saverne Robert le Lorrain, le célèbre artiste, pour lui confier la décoration du nouveau palais.[1]

---

[1] D. FISCHER. *Notice historique sur le Château de Saverne.* 1867. In-8º. Colmar.

Saint-Simon trace ainsi le portrait de ce cardinal de Rohan :

« Il était d'un accès charmant, obligeant, d'une politesse générale et parfaite, mais avec mesure et distinction; d'une conversation aisée, douce, agréable. Il était assez grand, un peu trop gros, le visage du fils de l'amour, et, outre la beauté singulière, son visage avait toutes les grâces possibles. »

Mais pour un prélat, il aimait passionnément le plaisir. « Il est galant, écrit le marquis d'Argenson dans ses *Mémoires;* mais il trouve assez d'occasions de satisfaire son goût pour le plaisir avec les grandes princesses, les belles dames et les chanoinesses à grandes preuves, pour ne pas *encanailler* sa galanterie et n'être pas du moins accusé de crapule. »

Dans la querelle des jésuites et des jansénistes, les plus grands prélats s'étaient passionnés pour l'un et pour l'autre parti. Une assemblée de ceux qui acceptaient la constitution, tenue au mois de Mars 1717, nomma huit commissaires chargés d'éclairer le régent sur les affaires de la bulle; ce furent les cardinaux de Rohan et de Bissy; les archevêques de Bordeaux, de Bourges et d'Aix; les évêques de Bezons, d'Uzès et de Viviers.

Une chanson de l'époque, intitulée *La Trève des Partis,* les traite ainsi :

Bourges, Rohan, Bissy, Bordeaux,
    Vos projets peu louables
Sont arrêtés ; et vos travaux
    Ont paru détestables ;
Rome avait pour vous des attraits,
    Plus puissants que la France ;
Et comme vous, le vieux d'Uzès
    Est réduit au silence.

Une chanson de 1721, intitulée *Dubois cardinal*, contient ces vers à l'adresse du cardinal de Rohan, qui, se trouvant à Rome pour le Conclave, partageait avec l'abbé de Tencin le soin des intérêts de Dubois :

> Or, écoutez la nouvelle
> Qui vient d'arriver ici :
> Rohan, ce commis fidèle,
> A Rome a bien réussi :
> Mandé par Dubois, son maître,
> Pour acheter un chapeau,
> Nous allons le voir paroître
> Et couvrir son grand cerveau. [1]

Le cardinal Armand-Gaston-Maximilien de Rohan (1674-1749), l'un des principaux chefs du parti Moliniste, devint, grâce à Dubois, qu'il avait sacré archevêque de Cambrai, chef du Conseil de conscience et membre du Conseil de régence. [2]

Lors de l'établissement de la *Compagnie d'Occident,* en 1717, pour la colonisation de la Louisiane, on fit une chanson sur ce sujet, où l'on fait jouer un rôle à chacun des personnages alors le plus en vue. On n'a garde d'oublier le cardinal de Rohan, auquel est consacré ce couplet :

> Le beau cardinal de Rohan,
> Chargé de soins plus importants,
> Peuplera le Mississipi.

---

[1] *Chansonnier historique du XVIII<sup>e</sup> Siècle.* Édition QUANTIN. Première partie. T. IV, p. 48.

[2] *Chansonnier historique du XVIII<sup>e</sup> Siècle.* Édition QUANTIN. Première partie. T. I, p. 118.

# LE CARDINAL DE ROHAN

## (Année 1716)

L'amour dès longtemps confia
    Son charmant sacerdoce
A jeune et gracieux prélat
    Plus galant que Mendoce
Et dans son temple transféra
    Et sa mître et sa crosse.

A son grand prêtre il prodigua
    Ses faveurs les plus chères,
Et fit tant que son nom vola
    Sur tout notre hémisphère :
Pape et rois, chacun envia
    Le bonheur de lui plaire.

Le diable qui, Adam tenta,
    Jaloux de tant de gloire,
Lui fit suivre les Loyola,[1]
    Chacun en sait l'histoire ;
L'enfant de Cythère en pleura
    Dans les bras de sa mère.

Vengeons-nous, mon fils, dit Vénus,
    Punissons cet ouvrage ;
Pour Melun,[2] de tous le rebut
    Inspire-lui la rage,
Et que sans grâce ni vertu
    Elle fixe ce volage.[3]

---

[1] Pour détacher Rohan du cardinal de Noailles, qui était son bienfaiteur et son ami, le P. Le Tellier le fit nommer grand-aumônier de France.

[2] M^lle de Melun, née en 1671. (M.) Marie de Melun était fille de Guillaume de Melun, prince d'Epinoy, et de Jeanne de Rohan-Chabot.

[3] *Chansonnier historique du XVIII^e Siècle.* Édition Quantin. Première partie. II, p. 85.

# LE CARDINAL ET LA CORNE

Le 17 Mai 1586, l'évêque de Strasbourg, Jean de Manderscheid, avait institué une confrérie de buveurs, sous le titre de *Confrérie de la Corne*. Les confrères devaient la vider d'un trait, cette corne, et elle était de taille gigantesque. Les étrangers de distinction étaient admis à y tremper leurs lèvres et ce n'était pas un mince honneur. Cette colossale corne était religieusement conservée au vieux château de Hoh-Barr, sur la montagne qui domine le château de Saverne, résidence de l'évêque de Strasbourg. Nous avons donné l'historique de la Confrérie de la Corne dans notre ouvrage sur l'*Alsace en Fête,* où nous renvoyons le lecteur désireux d'en connaître les détails.

La guerre de trente ans avait porté un coup mortel à la Confrérie de la Corne. Le château de Hoh-Barr fut détruit et la confrérie dispersée. Toutefois, la corne fut sauvée de la destruction; elle descendit dans les caves du château de Saverne, mais déshonorée, oubliée et abandonnée.

Un jour, le cardinal de Rohan recevait, dans sa première résidence, S. Exc. la maréchale de Noailles : c'était en 1729. Naturellement le fastueux prélat voulut faire les honneurs de son superbe château à l'illustre visiteuse.

Rien ne fut oublié : il fallut passer par tous les coins et recoins. Arrivé à la cave, la corne apparut comme un monument des âges passés. La grande dame la contempla comme un objet contemporain de la race des Titans, et malgré l'invitation du prélat, se garda bien d'essayer d'en ressusciter l'usage. Elle se contenta d'écrire sur le registre de la confrérie défunte, ces simples mots : « Arrivée à « Saverne par un hazard personnel, j'ai vu la corne et n'y « ai point bu, ce 18 Juillet 1729. »

Cependant, un des assistants, un autre joyeux prélat, jugea qu'il était malséant de laisser ainsi dans le déshonneur un objet aussi vénérable. Ce galant évêque fait rincer la corne et la fait remplir de généreux liquide. Il la vide d'un trait et la fait vider au reste de la compagnie. Puis, pour éterniser cette résurrection glorieuse, il en transcrit le procès-verbal sur le respectable vélin, par les lignes suivantes : « Nous évêque-duc de Langres, pair de France, « certifions que l'acte ci-dessus n'est que trop vrai, mais « qu'on y a bu beaucoup pour féliciter M^me la maréchale. »

Le prélat qui signait ce qui précède, cet évêque-duc de Langres, pair de France, n'était autre qu'un petit-fils de M^me de Montespan, de galante mémoire, Pierre de Pardailhan d'Antin lui-même.

Les mânes de Jean de Manderscheid ont dû joliment sourire le 18 Juillet 1729 !

# ÉLECTION D'UN COADJUTEUR

En 1742, le 21 du mois de Mai, François-Armand-Auguste de Rohan-Soubise, chanoine capitulaire de Strasbourg, connu alors sous le nom d'abbé de Ventadour, fut élu coadjuteur. Le cardinal de Rohan, son oncle, avait obtenu pour lui du pape Benoît XIV, le 11 Septembre 1740, un bref d'éligibilité, qui portait dispense pour posséder l'évêché de Strasbourg. Il n'en fit usage que deux ans après. Le grand-chapitre s'étant assemblé, le 28 Mars 1742, fixa le jour de l'élection au 21 Mai suivant. La messe solennelle du Saint-Esprit ayant été chantée au grand-autel à 8 heures du matin, par François-Ernest, comte de Salm, évêque de Tournay, les chanoines capitulaires, au nombre de neuf présents et chargés de la procuration de trois absents, se rendirent dans le lieu ordinaire de leur assemblée, où le choix unanime tomba sur M. l'abbé de Ventadour. Le grand écolâtre ayant publié l'élection en latin, vers le clergé, en français et en allemand vers le peuple, le nouveau coadjuteur fut conduit à l'autel, précédé de tous les chanoines, ayant à sa droite M. l'archevêque de Rheims, grand-doyen, et M. l'évêque de Tournay à sa gauche.

Le *Te Deum* fut chanté en musique : on sonna pendant une heure les cloches de la cathédrale et on fit une décharge

4

des canons de la ville. Le coadjuteur fut ensuite placé sur le siége épiscopal, où, après être resté quelque peu de temps, il sortit le premier du chœur suivi de tout le chapitre. Son élection ayant été confirmée par bulles du pape Benoît XIV du 3o Juillet 1742, il fut sacré le 9 Novembre suivant par le cardinal de Rohan, son oncle, sous le titre d'évêque de Ptolémaïde.[1]

---

[1] GRANDIDIER. *Essais sur la Cathédrale de Strasbourg*, p. 179.

# LOUIS XV CHEZ LE CARDINAL DE ROHAN

## A STRASBOURG

Le roi Louis XV arrivant de Metz, fit son entrée solennelle dans la ville de Strasbourg le 5 Octobre 1744, au son
de toutes les cloches et au bruit de toute l'artillerie des remparts. On lui fit une réception splendide; la magnificence
et l'éclat furent portés au plus haut degré durant son séjour
qui fut de cinq jours entiers. Le Magistrat, présidé par
M. de Klinglin, préteur royal, secondé par tous les corps et
tous les habitants de la ville, avait imaginé ce qu'il y avait
de plus grand, de plus somptueux pour exprimer sa joie,
son zèle, son respect et son attachement au monarque, qui
venait d'être surnommé le *Bien-Aimé*.

Il était 4 heures de l'après-midi, lorsque Louis XV
arriva devant le portail de l'église cathédrale. Il descendit
de carrosse et fut reçu par M. le cardinal de Rohan, qui était
à la tête de tout le clergé séculier et régulier rangé le long de
la nef. Le prélat était chapé, crossé et mîtré, ayant à sa
droite M. le prince de Soubise, son coadjuteur, et à sa
gauche M. l'évêque d'Uranople, son suffragant, l'un et
l'autre en chape et en mître, mais sans crosse. Du grand-
chapitre, il n'y avait qu'un chanoine domiciliaire, M. le

prince Camille de Rohan. MM. du grand-chœur étaient
en chape et les chapelains en surplis.

Le cardinal-évêque présenta d'abord au roi de l'eau
bénite. Le prince Camille posa aux pieds de Sa Majesté un
carreau de velours sur un tapis, qu'on avait étendu par
terre à l'entrée de la nef. Le roi s'y mit à genoux et baisa la
croix. Sa Majesté s'étant relevée, S. A. E. lui fit un très-
beau discours, qui dura quatre à cinq minutes.

Le clergé se mit ensuite en marche deux à deux pour
entrer dans le chœur, qui était orné de tapisseries et dont le
grand autel était éclairé par un grand nombre de girandoles
portées sur des torchères. La marche était fermée par M. le
coadjuteur, auquel le cardinal, son oncle, laissa les fonctions sacerdotales-épiscopales, en se réservant celles de
grand-aumônier de France. Le roi marchait ensuite entre
M. le cardinal et M. le suffragant. L'un et l'autre avaient
quitté la mître et la chape pour se mettre en rochet, camail
et bonnet carré. Pendant la marche, le clergé chanta trois
fois l'antienne pour le roi, qui fut conduit au pied du grand
autel, à un prie-dieu couvert d'un tapis de soie et de
velours. Les deux prélats se mirent à genoux à ses deux
côtés, et le roi fit donner un carreau de velours au cardinal de Rohan.

Il n'y eut ni musique ni *Te Deum :* car il n'y avait que
huit jours qu'on avait fait les prières publiques et solen-
nelles pour la convalescence de Louis le *Bien-Aimé.*

M. le coadjuteur, ayant à ses côtés les quatre plus
anciens du grand-chœur revêtus de chapes, monta à l'autel,
chanta l'oraison pour le roi et termina la cérémonie par la

bénédiction épiscopale. Le roi descendit alors du chœur par l'escalier qui est du côté de l'horloge. Il alla à pied depuis la porte de l'église jusqu'au palais épiscopal qui était achevé depuis trois ans, et où il logea pendant tout son séjour.

La tour fut illuminée tous les jours. Louis XV partit de Strasbourg le 10 Octobre, pour se rendre au siége de Fribourg. « Je ne puis quitter ce lieu-ci, écrivait ce monarque la veille de son départ à M^me la duchesse de Rohan-Ventadour, sans vous donner de mes nouvelles. Jamais je n'ai rien vu de si beau, de si magnifique, ni de si grand que ce que je vois depuis que je suis à Strasbourg. Mais ce qui me fait plus de plaisir que tout, c'est l'affection que les peuples et les grands me témoignent : ils sont aussi bons Français que mes plus anciennes provinces : aussi, je les quitterai à regret. » [1]

« Le cardinal de Rohan, en parlant de lui-même, laissait entendre quelquefois, avec une sorte de modestie, qu'il devait avoir quelque ressemblance avec Louis XIV, tant dans la figure que dans le caractère : en effet, M^me la princesse de Soubise, sa mère, était très-belle ; l'on sait que Louis XIV en fut amoureux ; et l'époque de ce penchant se rapproche de l'année 1674, qui est celle de la naissance du cardinal de Rohan. » [2]

---

[1] GRANDIDIER. *Essais sur la Cathédrale de Strasbourg*, p. 181.
[2] *Anecdotes de Louis XIV et de Louis XV*, t. II, p. 397.

# VOL DE L'ARGENTERIE

## DU CARDINAL DE ROHAN

En 1747, M^me la dauphine arriva à Strasbourg le 28 Janvier. S. E. le cardinal de Rohan n'oublia rien pour faire à cette princesse une réception digne de son haut rang et de sa naissance. « Or, il est connu que ce prélat avoit une argenterie des plus riches; toutes les ustensiles, même celles de la cuisine, étoient de ce métal. Dans la grande presse, une partie considérable fut volée la nuit et vendue à certain juif. Le jeune préteur (Klinglin), Faber et Faust l'intimidèrent, en lui foisant entendre que le recéleur allant de part avec le voleur, il serait pendu. Il leur donna une grosse somme, qu'ils partagèrent entre eux, le voleur fut célé, l'on n'a pas sçu jusqu'aujourd'huy ce que cette argenterie dérobée est devenue, et la voix publique en parle de trois différentes manières. Faber en a rejeté impertinemment le crime sur les Polonais et les Saxons, qui étoient à la suite de M^me la dauphine, disant qu'ils ne l'avoient prise que pour faire voir dans leurs païs le nouveau goût de Paris. Mais le juif Meyer a été le vray auteur et le directeur de ce vol; et de cette façon, il lui a été facile de paroître deux années de suite en habit de cavalier, chamarré d'or et d'argent. Le public en eut mauvaise opinion, mais il sçut et sa compagnie dissiper tout soupçon, en le faisant passer pour l'écuïer du jeune préteur, ce qui étoit d'autant plus vraisemblable qu'il vivoit avec lui dans la plus grande familiarité aux yeux du public. »[1]

Le vol de l'argenterie du cardinal de Rohan est raconté d'une manière bien différente par une des parties indirectement intéressées.

C'est le « Mémoire de M. de Klinglin, préteur royal de la ville de Strasbourg » — à Grenoble, chez André Giroud et la veuve d'André Faure, 1753, qui nous en fournira les nouveaux détails.

C'était donc au mois de Février 1747, lors du passage à Strasbourg de M^me la dauphine. Laissons parler M. de Klinglin fils : « Exerçant les fonctions de préteur à la place de mon père qui étoit malade, j'eus l'honneur de recevoir cette princesse. Dans ce temps-là même, Son Éminence feu M. le cardinal de Rohan me donna avis qu'on avoit volé chez lui de la vaisselle d'argent. Ce prélat ajouta, qu'averti de ce vol, il avoit fait faire secrètement quelques démarches pour tâcher d'en découvrir les auteurs, que Raphaël Lévy étoit violemment soupçonné d'avoir commis ce vol, ou du moins d'en être le recéleur; que les indices qui sembloient justifier ces soupçons, étoient que Raphaël Lévy avoit porté de la vaisselle d'argent à vendre chez le nommé Imling, orphèvre à Strasbourg, et que cet orphèvre avoit refusé de l'acheter, parce qu'il y avoit

---

[1] *Factum de Beck contre Klinglin*, p. 11.

remarqué des vestiges d'armoiries qui avoient été grattées. En conséquence de ces indices, M. le cardinal de Rohan me pria de parler à ce juif, et de l'engager à rendre cette vaisselle ; mais il me recommanda sur toutes choses de ne faire aucun éclat, et de ne prendre aucune des voyes judiciaires dont on use en pareil cas. Je fis donc venir le juif ; j'employai auprès de lui et remontrances et menaces pour le déterminer à la restitution ; mais tous mes discours furent inutiles ; il se tint sur la négative, en sorte que je fus obligé de le renvoyer. Sur le compte que je rendis à M. le cardinal du mauvais succès de ma tentative, S. E. me pria de m'en tenir là, et me fit même donner parole de ne pas pousser cette affaire plus loin. Ça n'a donc été que par respect pour les ordres de ce prélat que je n'ay point fait dénoncer au Magistrat le vol en question. » [1]

Que le lecteur choisisse entre les deux versions.

[1] *Mémoire de M. de Klinglin,* p. 241

# OBSÈQUES DU CARDINAL DE ROHAN

En 1749, le 19 Juillet, S. A. S. et E. M. le cardinal Armand-Gaston de Rohan termina à Paris sa longue et brillante carrière en son appartement du Vieux-Louvre, âgé de 75 ans. Son corps fut transporté le 21 suivant au couvent des religieux de la Merci, où il fut enterré d'après son testament du 3 Mars 1748.

« Ce prince sut réunir dans sa personne des qualités dont on aurait pu former plusieurs grands hommes. Il eut part à toutes les affaires ecclésiastiques de son temps ; il présida plusieurs fois aux assemblées de l'Eglise gallicane ; il assista à quatre conclaves ; il fut chéri des papes et des rois ; il aima les lettres et les protégea, et il se distingua dans toutes les circonstances par son zèle pour la religion et pour l'état. « Je viens de faire, s'écria Louis XV en « apprenant la mort du cardinal, une véritable perte dans « la personne du cardinal de Rohan : c'était un grand « seigneur, un excellent évêque et un bon citoyen. »

« Il avait vécu avec beaucoup de splendeur et de magnificence ; mais d'un caractère doux et d'un abord affable, il eut comme particulier toutes les qualités qui rendent les hommes aimables dans la société.

« Au mois d'Août, M. l'archevêque de Rheims, grand-doyen du chapitre noble de la cathédrale de Strasbourg, avait donné, dans la cathédrale même, possession du spirituel de l'évêché à M. l'évêque d'Uranople, procureur du nouvel évêque, M. le cardinal de Soubise.

« Les services de M. le cardinal de Rohan furent célébrés dans son église cathédrale les 15, 16 et 17 Septembre. Tout le clergé séculier et régulier y assista en corps et en habits de chœur. M. l'évêque d'Uranople, du consentement du grand-chapitre, célébra pontificalement les trois messes. Huit abbés du diocèse, ayant à leur tête le prévôt *infulé* de Neuvillers, tous en mître et en chape; les prévôts et doyens des collégiales du diocèse en soutanes et en manteaux longs, se trouvèrent à cette cérémonie.

« L'état-major, le magistrat, le corps de la noblesse, le conseil de la régence, la chambre des comptes, les baillis et les autres officiers de l'évêché y assistèrent. M. de Saint-André, commandant de la province, fut placé au milieu du chœur, avec fauteuil et prie-dieu, en sa qualité de représentant du roi. L'oraison funèbre fut prononcée le 15, par le R. P. Louis-Antoine Cuny, de la Compagnie de Jésus. » [1]

Son éloge fut lu à l'assemblée de l'Académie des inscriptions et belles-lettres, le 14 Novembre 1749, par M. de Bougainville, et inséré dans le tome XXIII des Mémoires de la Compagnie.

Rigaud, le fameux portraitiste, avait fait une superbe peinture du cardinal Armand-Gaston de Rohan, que Caro grava. Une copie photographiée de ce magnifique portrait, exécutée par M. Hippolyte Hoffmann, a été donnée au musée de Saverne (N° 139 du catalogue de 1872).

---

[1] GRANDIDIER. *Essais sur la Cathédrale de Strasbourg*, p. 183.

# II

## FRANÇOIS-ARMAND-AUGUSTE

### DE

# ROHAN-SOUBISE-VENTADOUR

*1749-1756*

# FRANÇOIS-ARMAND-AUGUSTE

# DE ROHAN-SOUBISE-VENTADOUR

RANÇOIS-ARMAND-AUGUSTE DE ROHAN-SOUBISE-VENTADOUR succéda à son parent Armand-Gaston, en l'année 1749. On ne connaît guère de lui que son épitaphe..., qui est brillante...

## OBSÈQUES DU CARDINAL DE ROHAN-SOUBISE

### A SAVERNE

Cet évêque de Strasbourg, étant mort le 28 Juin 1756, à son château épiscopal de Saverne, fut inhumé avec les plus grands honneurs et la plus grande pompe dans la chapelle du Saint-Rosaire. Sur sa tombe on grava cette fastueuse épitaphe :

*HIC REQUIESCIT*

*Serenissimus princeps*
*Armandus de Rohan-Soubise,*
*sanctæ romanæ ecclesiæ cardinalis,*
*Argentoratensis episcopus et princeps*

    *Alsatiæ Landgravius,*
*Murbacencis et Luderencis abbas,*
    *princeps sancti imperii, etc.,*
*splendidos natales æquavit titulis,*
    *Animo superavit :*
*Artes egregias, quas ultrò coluerat puer,*
    *ornavit juvenis.*
*Rapido progressu summa consecutus,*
*Academiæ Parisiensi, ac præsertim Sorbonæ.*
*Præluxit ingenio, honore præfuit.*
    *Veri et justi tenax,*
    *ingenti patruo*
*Similitudine virtutum commendatus,*
    *iisdem in vestigiis,*
    *in eâdem statione collocatus,*
    *ut episcopatûs,*
*sic acerrimi ecclesiæ tuendæ studii*
    *successor non degener.*
*Heu ! tanto viro non impar,*
*si non ipso ætatis flore succisus !*
*in medio cursu laborum,*
*quos pro ecclesiâ susceperat,*
    *Mortem obrepere sentiens*
    *huc ad vos evolavit,*
    *O Alsatiæ cives,*
*ut in sinu vestro extremum spiritum deponeret.*
    *Hunc præcordiis vestris inclusum*
*fovete, lugete, ac precibus apud Deum adjuvate.*
    *Obiit die 28 Junii 1756, ætatis suæ anno 39.*[1]

---

[1] GRANDIDIER. *Essais sur la Cathédrale de Strasbourg*, sup. p. 84.

Ce cardinal n'était âgé que de 39 ans lorsqu'il expira. L'amour qu'il avait toujours porté à son diocèse, et le goût qu'il avait montré de préférence pour l'Alsace, l'avaient engagé à se faire transporter presque moribond de Paris à Saverne où il voulait mourir.

# III

## LOUIS-CONSTANTIN

### DE

# ROHAN-GUÉMÉNÉE-MONTBAZON

*1756-1779*

# ÉLECTION DE LOUIS-CONSTANTIN

## PRINCE DE ROHAN

## COMME ÉVÊQUE DE STRASBOURG

ès que le grand-chapitre eut fait rendre, dans la cathédrale, les derniers devoirs à l'évêque François-Armand-Auguste cardinal de Rohan-Soubise, mort à Saverne le 28 Juin 1756, il tint (le 2 Août) une assemblée où le jour de l'élection d'un nouvel évêque fut fixé au 23 Septembre.

Cette cérémonie fut annoncée par la grosse cloche qui sonna par trois fois. La messe solennelle du Saint-Esprit fut chantée à 8 heures par M. l'évêque de Tournay. Vers 9 heures, le chapitre, composé de dix chanoines capitulaires présents et chargés de la procuration de deux absents, s'assembla dans le lieu de l'élection. Le choix unanime tomba sur le grand-prévôt Louis-Constantin, prince de Rohan. Sa naissance, son âge, son expérience et ses vertus le rendaient digne de cette éminente place. La publication ayant été faite dans les trois langues par le grand-écolâtre, le nouvel élu, entre l'archevêque de Rheims, son frère,

grand-doyen, et l'évêque de Tournay, précédé de tous les
autres chanoines, fut conduit au pied du grand-autel, où
l'archevêque de Rheims entonna le *Te Deum* qui fut chanté
en musique. On sonna pendant une heure de temps toutes
les cloches de la cathédrale, et on fit une décharge des
canons de la place.

Le prince Constantin fut ensuite conduit au siége épiscopal, où il s'assit. Y étant resté quelque peu de temps, il
sortit du chœur le premier, suivi de tous les chanoines,
qui le conduisirent au palais épiscopal, où le grand-doyen
le félicita par un petit discours en présence du clergé et
d'un grand concours de peuple. L'élection fut confirmée
par le roi Louis XV le 27 Septembre suivant et par le pape
Benoît XIV le 3 Janvier 1757. Il fut sacré le 6 Mars à
Paris, dans la chapelle du séminaire de Saint-Sulpice, par
le cardinal de La Rochefoucauld, archevêque de Bourges.

Le 24 suivant, M. l'abbé Duvernin, membre du grand-
chœur, vicaire-général et official du diocèse, en aumusse
et en étole, prit en son nom, dans la cathédrale, possession
de l'évêché de Strasbourg. Elle lui fut donnée à l'issue des
complies par le prince François-Camille de Lorraine, chanoine capitulaire, en présence du prince Joseph de Hohen-
lohe-Pfedelbach, aussi chanoine capitulaire, et de MM. du
grand-chœur, tous en habits de chœur placés autour de
l'autel.

La cérémonie commença par l'ouverture de la grande
porte, dont on lui présenta la clé; par l'entrée de la chaire,
où il monta; par les fonts baptismaux dont il toucha l'eau;
par le trône épiscopal, où il s'assit et où on lui mit le

bonnet carré sur la tête. Elle fut continuée par la prise de possession du palais épiscopal, où il fut mené et installé dans la salle des évêques.

De là, il fut ramené au grand-autel, où l'on finit par chanter le *Te Deum*. [1]

---

[1] GRANDIDIER. *Essais sur la Cathédrale de Strasbourg*, p. 187.

# ÉLECTION DE LOUIS-RENÉ-ÉDOUARD

## PRINCE DE ROHAN

## COMME COADJUTEUR DE STRASBOURG

En 1759, le 28 Septembre, le grand-chapitre de la cathédrale de Strasbourg s'assembla pour fixer le jour de l'élection d'un coadjuteur que le prince Louis-Constantin de Rohan avait demandé au pape. Cette élection se fit le 22 Novembre suivant, dans l'église cathédrale, suivant les formes usitées. La messe du Saint-Esprit fut chantée dans la chapelle de Saint-Laurent par le comte Maximilien-Frédéric de Kœnigseck-Rotenfels. Les capitulaires, au nombre de sept présents, chargés en même temps de la procuration des absents, réunirent leurs voix en faveur du prince-neveu, Louis-René-Edouard, prince de Rohan-Gué-ménée, qui fut proclamé le même jour et conduit à l'autel de Saint-Laurent, où l'on chanta le *Te Deum*.

Cette élection ayant été confirmée par le pape Clément XIII, le 24 Mars 1760, le nouveau coadjuteur fut sacré, le 18 Mai suivant, évêque de Canople. [1]

---

[1] Grandidier. *Essais sur la Cathédrale de Strasbourg*, p. 190.

La reine Marie Leczinska étant morte (24 Juin 1768), ses obsèques furent célébrées dans l'église cathédrale de Strasbourg, le 3 Août suivant. M. le cardinal de Rohan, ainsi que les différents corps ecclésiastiques et laïques, y assistèrent. La grand'-messe fut chantée par le seigneur grand-doyen, M. le prince de Lorraine. [1]

[1] GRANDIDIER. *Essais sur la Cathédrale de Strasbourg*, p. 196.

# MARIE-ANTOINETTE

## FIANCÉE DU DAUPHIN (LOUIS XVI)

## CHEZ LE CARDINAL DE ROHAN

Le 7 Mai 1770, l'archiduchesse Marie-Antoinette d'Autriche arriva à Strasbourg, se rendant à Paris, pour être
dauphine de France. Elle fut logée au palais épiscopal et
reçue avec les plus grands honneurs. On lui fit des fêtes
magnifiques qui sont décrites tout au long dans notre
ouvrage sur *L'Alsace en fête sous la domination des Louis
de France.*

Le 8, elle se rendit à la cathédrale pour y entendre la
messe. M. le prince Louis de Rohan, coadjuteur de Strasbourg, en habits pontificaux, la reçut à la tête de son
clergé et lui adressa un discours plein d'éloquence et de
sensibilité. Nous le reproduisons ici :

*Par M. le coadjuteur, à la porte de la cathédrale de
Strasbourg*

« Madame,

« Les deux nations réunies dans ce temple s'empressent
de rendre d'immortelles actions de grâces au Dieu des
empires, qui, par des nœuds augustes et si désirés, va

mettre le sceau à leur félicité commune, et cimenter une alliance dont le but a été de protéger la religion et de faire régner la paix.

« Vous voyez l'Alsace faire éclater sa joie ; la France vous attend pour couronner ses vœux, et dans les mouvements d'allégresse qui vont se manifester de toutes parts, reconnaissez, Madame, le même sentiment qui a fait verser des larmes à Vienne et qui laissent dans le cœur de ceux dont vous vous séparez, les plus vifs et les plus tendres regrets : c'est ainsi que l'archiduchesse Antoinette est déjà connue, même où elle n'a pas encore été vue ; ce n'est souvent que l'avantage de la naissance ; pour vous, Madame, c'est le droit de vos vertus, c'est celui de vos grâces ; c'est surtout la réputation de ces qualités naturelles et bienfaisantes que les soins d'une mère à jamais mémorable ont su perfectionner en vous. Vous allez être parmi nous la vivante image de cette impératrice chérie, depuis longtemps l'admiration de l'Europe, comme elle le sera de la postérité ; c'est l'âme de Marie-Thérèse qui va s'unir à l'âme des Bourbons. D'une si belle union doivent naître les jours de l'âge d'or, et nos neveux, sous l'heureux empire d'Antoinette et de Louis-Auguste, verront se perpétuer le bonheur dont nous jouissons sous le règne de Louis le Bien-Aimé. »

Son Altesse arriva au grand-chœur, au bas duquel se tenaient les Cent-Suisses, en passant au milieu de la haie formée par la troupe. Au pied de l'autel, qu'entouraient les gardes du corps, était placé un prie-dieu pour M<sup>me</sup> la dauphine et des tabourets pour les dames de sa cour. Le clergé avait suivi Marie-Antoinette et était allé occuper les stalles du chœur. Le coadjuteur, avant de se mettre sous le dais pontifical, s'agenouilla au pied de l'autel, puis s'étant retourné vers la nef, il donna sa bénédiction.

Une messe en musique fut exécutée.

Les derniers accords de la musique expiraient à peine sous la majestueuse voûte du dôme, que les personnes de la cour firent partir M^me la dauphine, sans attendre que M. le coadjuteur fût revenu à l'autel et eût de nouveau donné sa bénédiction. En voyant ce départ précipité, le clergé, qui devait accompagner Son Altesse jusqu'à la porte de l'église, et qui s'était déjà mis en mouvement, s'arrêta et laissa partir M^me la dauphine sans lui rendre les honneurs qui lui étaient dus.[1]

Le cardinal de Rohan ajouta quelques mots touchants au superbe discours du coadjuteur, son parent.

Voici les paroles prononcées :

### Par M. le cardinal de Rohan

« Née sur le trône des Césars, vous venez vous unir à celui des Charlemagne et des Bourbons. L'Europe applaudit à ce lien, la religion se réjouit et l'Alsace ne peut contenir ses transports. Les miens, Madame, sont d'autant plus respectueux, qu'occupant un siége qu'ont illustré deux de vos ancêtres, j'ai l'honneur d'appartenir à l'empire et à la France. »

---

[1] Müller. *L'archiduchesse Marie-Antoinette à Strasbourg*, etc., p. 61.

# MARIE-ANTOINETTE A SAVERNE

« Madame la dauphine arriva ici, de Strasbourg, le 8 Mai à 7 heures du soir, et y fut reçue par le cardinal de Rohan. Un bataillon du régiment dauphin et un détachement du régiment royal, cavalerie, formèrent une double haie dans l'avenue du château. Après un bal où M^me la dauphine dansa jusqu'à 9 heures, on tira un feu d'artifice. Les dames de la suite de cette princesse et les dames autrichiennes eurent ensuite l'honneur de souper avec elle. Il y eut après, chez le cardinal de Rohan, une table de deux cents couverts splendidement servie. On avait illuminé avec beaucoup de goût une allée d'arbres d'une longueur immense, qui était terminée par un superbe arc de triomphe, où l'on voyait les chiffres de France, de Lorraine et d'Autriche. Le lendemain, M^me la dauphine, après avoir déjeûné, entendit la messe et fit ensuite avec beaucoup de bonté ses adieux aux dames et seigneurs autrichiens, qui avaient eu l'honneur de l'accompagner jusqu'ici. Le cardinal de Rohan présenta à M^me la dauphine une femme âgée d'environ 105 ans, qui n'a jamais été malade. Cette femme lui dit en allemand : « *Princesse, je fais des vœux au ciel pour que*

« *vous viviez aussi longtemps que moi et aussi exempte de*
« *maladies.....* » — « *Je le désire,* répondit M^me la dau-
« phine, dans la même langue, *si c'est pour le bonheur de*
« *la France* »; et après lui avoir donné sa main à baiser,
elle ordonna qu'on lui remit une somme d'argent. »[1]

[1] *Journal politique.* Année 1770.

# SERVICE FUNÈBRE DE LOUIS XV

En 1774, le 10 Mai, Louis XV mourut. Son service solennel se tint dans la cathédrale de Strasbourg le 27 Juin. M. le cardinal de Rohan et tous les corps ecclésiastiques et laïques y assistèrent.

La grande messe fut chantée par M. le comte de Truchsess. L'oraison funèbre fut prononcée en français par M. l'abbé Nihell, un des directeurs du séminaire. [1]

---

[1] GRANDIDIER. *Essais sur la Cathédrale de Strasbourg*, p. 201.

# SERVICE FUNÈBRE

## CARDINAL LOUIS-CONSTANTIN DE ROHAN [1]

En 1779, le 11 Mars, à 4 heures du matin, mourut à Paris, en son hôtel, rue de Varenne, M. le cardinal Louis-Constantin de Rohan, âgé de 82 ans, laissant une mémoire précieuse à son diocèse et à tous les gens de bien. *Mortuus est in senectute bonâ, plenus dierum et gloriæ.* Ses trois services solennels furent célébrés dans la cathédrale de Strasbourg les 26, 27 et 28 Avril. Tous les corps de la ville y assistèrent les trois jours, ainsi que M. le maréchal de Contades, commandant la province. Les corps ecclésiastiques et réguliers de la ville furent invités par le seigneur grand-vicaire; les corps séculiers, c'est-à-dire l'état-major, le magistrat, la noblesse, ainsi que le conseil de la régence de Saverne, la chambre des comptes et les officiers de l'évêché le furent par le grand-chapitre. M. le prince Ferdinand de Rohan, archevêque de Bordeaux et grand-prévôt, neveu du défunt, officia pontificalement le premier

---

[1] Grandidier. *Essais sur la Cathédrale de Strasbourg*, p. 202.

et le troisième jour. M. le comte Joseph-François-Antoine de Truchsess-Zeyl célébra la grand'-messe le second jour. Neuf abbés réguliers en chape et en mître, deux députés de chaque collégiale du diocèse, en soutane et manteau long, assistèrent pareillement à cette cérémonie lugubre.

# IV

## LOUIS-RENÉ-ÉDOUARD

DE

# ROHAN-GUÉMÉNÉE

*1779-1803*

# LOUIS-RENÉ DE ROHAN

## A L'UNIVERSITÉ

A *Galerie de l'ancienne Cour* ou *Mémoires-Anecdotes pour servir à l'Histoire des règnes de Louis XIV et de Louis XV,* raconte une très jolie difficulté qui se présenta en Sorbonne à propos du jeune abbé René de Rohan.

Dans le contrat de mariage du prince de Condé et de M^{lle} de Soubise, le père de la jeune princesse avait pris la qualité de *très-haut et très-puissant prince.* Une contestation s'éleva à ce sujet, et les princes du sang, assemblés dans le cabinet du roi pour signer ce contrat, refusèrent d'accorder par leur signature à un prince étranger un titre qu'ils croyaient n'appartenir qu'à eux exclusivement. Il fut convenu qu'ils protesteraient avant que de signer et ils eurent trois mois pour produire les titres de leur prétention exclusive.

La maison de Rohan avait déjà eu une querelle de ce genre avec la noblesse. En voici l'origine :

« Un abbé d'Aubeuton, ci-devant docteur de M. le cardinal de Soubise, voulut se venger de cette maison qui,

à son avis, ne l'avoit point suffisamment appuyé de son
crédit. Le jour que le prince René faisoit sa supplique en
Sorbonne, il s'y transporta pour demander au doyen de
lui représenter le titre en vertu duquel il accordoit à la
maison de Rohan la distinction de soutenir ses thèses les
mains gantées et le bonnet sur la tête. Le doyen n'ayant
pas voulu le satisfaire sur ce point, il alla trouver M. le
marquis de Beauffremont et l'échauffa assez pour le porter
à faire signifier au doyen une opposition, tant en son nom
qu'en celui de la noblesse, à ce qu'il ne fût accordé à ceux
de la maison de Rohan aucun privilége, protestant de se
pourvoir, etc. L'huissier n'osa faire la signification qu'à la
fin de l'acte du prince René; mais comme on n'en tint pas
grand compte, M. de Beauffremont présenta, le 15 Décembre 1752, sa requête au Parlement, où, prenant fait et
cause pour la noblesse, que son aïeul présidait aux derniers
Etats, il demanda permission d'assigner le doyen de Sorbonne, à l'effet d'exhiber le titre sur lequel étoit fondé le
prétendu privilége de la maison de Rohan, et jusqu'à ce
qu'il fut fait défense à tous les docteurs, licenciés et autres
suppôts de la faculté de théologie, de permettre à ceux de
ladite maison de s'arroger aucuns droits ni prérogatives au
préjudice de la noblesse. La cour lui permit d'assigner, et
le roi ayant évoqué à lui cette contestation, prononça sur
le tout. En même temps, il maintint la maison de Rohan,
ainsi que la maison de Bouillon, dans la possession où
elles étaient de prendre le titre de *très-haut et de très-
excellent prince,* et anulla la protestation des princes du
sang; mais ceux-ci, ayant présenté requête au roi contre

sa décision, Sa Majesté n'osant prononcer affirmativement, leur écrivit la lettre suivante :

« Je ne veux ni juger ni faire juger si MM. de Rohan « sont princes ou non ; mais je veux que toutes choses « soient remises dans l'état où elles étoient avant le mariage « de M. le prince de Condé avec M^{lle} de Soubise, sans que « les signatures du contrat puissent faire tort aux droits et « prétentions d'un chacun, ni les favoriser. »

« Dans le fait, c'étoit donner gain de cause aux étrangers. On conçoit que de pareilles questions, bien loin de s'éclaircir avec le temps, ne peuvent que s'embrouiller davantage : mais Louis XV vouloit vivre en repos et ne fâcher personne. » [1]

---

[1] *Mémoires-Anecdotes de Louis XIV et de Louis XV*, t. III, p. 313.

# LOUIS-RENÉ DE ROHAN

## A STRASBOURG

M^me d'Oberkirch nous raconte comment elle vit le prince-évêque de Rohan pour la première fois, en 1778 :

« Je passai l'hiver à Strasbourg, dit-elle, et j'y étais le 11 Mars, au moment de l'intronisation du prince Louis de Rohan, succédant au siége du cardinal Constantin, son oncle, dont il était le coadjuteur. C'était un fort grand seigneur, pour qui les domaines de l'évêché en France et en Allemagne n'étaient, disait-il, qu'une bague au doigt. Quel anneau pastoral ! Son chapitre, composé de douze chanoines et de douze domicellaires, alla le recevoir à la porte de sa splendide cathédrale. Né en 1734, jeune encore par conséquent, il était fort beau sous ses riches ornements. Je l'ai souvent rencontré, et j'aurai occasion d'en reparler encore. » [1]

---

[1] M^me d'OBERKIRCH. *Mémoires*, t. I, p. 124.

# LOUIS-RENÉ DE ROHAN

## FAIT PRENDRE POSSESSION DE L'ÉVÊCHÉ DE STRASBOURG

Le cardinal Louis-Constantin de Rohan étant mort le 11 Mars 1779, et ses services funèbres ayant été célébrés dans la cathédrale de Strasbourg, les 26, 27 et 28 Avril, le lendemain de ces services, le seigneur grand-prévôt donna dans la cathédrale, à l'issue des complies, possession du spirituel de l'évêché à M. l'évêque d'Arath, suffragant du diocèse, muni à cet effet de la procuration du nouveau prince-évêque Louis-René-Édouard, prince et cardinal de Rohan-Guéménée. Le grand-chapitre et le grand-chœur, ainsi que tout le clergé de la cathédrale et le séminaire, furent présents en habits de chœur à cette cérémonie, où l'on observa les mêmes formalités qu'en celle de 1757. [1]

---

[1] GRANDIDIER. *Essais sur la Cathédrale de Strasbourg*, p. 205.

# LE CARDINAL PRINCE DE ROHAN

## A STRASBOURG

En 1780, le 3 Novembre, S. A. S. et E. Mgr. le cardinal-prince de Rohan fit sa première entrée dans Strasbourg. En 1781, le 14 Juin, jour de la Fête-Dieu, elle fit,
à l'issue de la grand'-messe, la procession publique et
solennelle du Très-Saint Sacrement, assistée de MM. du
grand-chœur et précédée de toute sa cour : Cérémonie
qu'on n'avait point vu faire dans la Cathédrale par les
évêques-princes de Strasbourg depuis plus de vingt-huit
ans. [1]

---

[1] GRANDIDIER. *Essais sur la Cathédrale de Strasbourg*, p. 203.

# LOUIS-RENÉ DE ROHAN

## A SAVERNE

Louis-René de Rohan doit être compté parmi les collectionneurs alsaciens. Son château de Saverne était une merveille, contre laquelle luttaient inutilement bien des palais de princes souverains.

Le cardinal, que son secrétaire, l'abbé Georgel, nous représente comme ayant eu toujours du goût pour les sciences occultes et la botanique, fut, par suite de ses liaisons avec Cagliostro, entraîné dans des expériences qui, à la fin, lui coûtèrent l'honneur et la liberté. Il avait fait construire un cabinet de physique expérimentale avec sa table de marbre, destinée à la démonstration des diverses lois de la mécanique, et un cabinet d'histoire naturelle renfermant plusieurs objets curieux. Le Directoire du département du Bas-Rhin fit transférer toutes ces collections pour en enrichir celles de la ville de Strasbourg. Les splendides volumes de la bibliothèque, sur les plats desquels étaient frappées en or les armoiries cardinalices avec cette mention : EX BIBLIOTHECA TABERNENSI, suivirent le même chemin. Chose à remarquer : pendant que ces raretés disparaissaient de Saverne pour être plus tard la proie des flammes à Strasbourg, les démocrates du lieu achetaient, pour leur club, les tables, chaises, bancs et autres meubles tirés des bâtiments du commun.[1]

On raconte mille anecdotes plaisantes de ce cardinal grand seigneur et bon enfant.

Louis-René de Rohan, la *Belle Éminence,* aimait beaucoup les saillies spirituelles, et souvent il lui en échappait à lui-même de très-fines et de fort bien tournées; d'un autre côté, il aimait le faste de la table, et sa maison était toujours pleine de gens qui, pour beaucoup, se faisaient le plaisir et l'honneur d'y venir prendre un bon dîner. Tous les jours vingt couverts étaient servis au château de Saverne.

Un pauvre chevalier de Saint-Louis ayant eu occasion de sentir combien il était agréable de s'asseoir à la table épiscopale, jugea bon de s'y présenter souvent et de profiter gratuitement de la généreuse hospitalité du fastueux prélat; mais comme sa pauvreté ne lui permettait pas de faire comme les autres convives qui, en se levant de table, glissaient sous le pli de leur serviette une pièce pour le valet de service, celui-ci résolut de s'en venger. Il signala donc à son maître cet hôte importun, qui arrivait toujours sans invitation. Le cardinal, piqué de curiosité, ordonna que, la première fois qu'il se représenterait, on le mît tout à côté de lui, à sa droite. Le chevalier ne fut pas peu surpris d'un pareil honneur, et il n'en augura rien de bon en constatant un sourire moqueur sur la lèvre du serviteur.

---

[1] A. Benoit. *Collections et Collectionneurs alsaciens,* p. 29.

Le dîner marcha cependant très bien, et le brave chevalier croyait déjà qu'il avait été oublié, lorsque l'entretien se tourna sur un point théologique. Tout-à-coup le cardinal, visant le chevalier, lui demande à brûle-pourpoint combien de diables il connaissait. L'hôte fut loin de se déconcerter :

— Ventre-saint-gris, Éminence, j'en connais trois.

— En vérité? Et quels sont ces trois diables?

— Éminence, il y a un pauvre diable, un bon diable et un mauvais diable. Le pauvre diable, c'est moi, qui trouve à manger chez un bon diable, qui est Votre Éminence. Quant au mauvais diable, c'est celui qui a voulu me mettre dans l'embarras en me jouant un mauvais tour.

Et il désigna l'officier servant.

Le prélat fut si enchanté d'une répartie aussi spirituelle, qu'il ordonna que le couvert du pauvre pensionnaire fût tous les jours mis à la table épiscopale.

Voici comment reparle du cardinal et de sa magnificence, la satirique baronne d'Oberkirch, dans ses curieux Mémoires :

« ..... J'étais tenue à rester quelques temps à Strasbourg : le rang que j'y occupais m'en faisait une loi. En y arrivant à la fin de Novembre (1780), nous fûmes rendre nos devoirs à S. E. le cardinal de Rohan, prince-évêque de Strasbourg. Il revenait d'un voyage de l'autre côté du Rhin, où il était allé visiter ses domaines. C'est le troisième ou même le quatrième cardinal du nom de Rohan qui soit évêque de Strasbourg, de sorte qu'il regarde un peu les

terres de l'église comme lui appartenant par droit d'héri-
tage. Il a bâti et arrangé à Saverne une des plus char-
mantes résidences du monde. C'est un beau prélat, fort
peu dévot, fort adonné aux femmes; plein d'esprit et
d'amabilité, mais d'une faiblesse, d'une crédulité qu'il a
expiées bien cher, et qui a coûté bien des larmes à notre
pauvre reine dans la misérable histoire du collier.

« Son Éminence nous reçut dans son palais épiscopal,
digne d'un souverain. Il menait un train de maison ruineux
et invraisemblable à raconter. Je ne dirai qu'une chose,
elle donnera l'idée du reste. Il n'avait pas moins de quatorze maîtres d'hôtel et vingt-cinq valets de chambre.
Jugez! Il était 3 heures de l'après-midi, la veille de l'octave
de la Toussaint; le cardinal sortait de sa chapelle, en soutane de moire écarlate et en rochet d'Angleterre d'un prix
incalculable. Il avait une aube des grandes cérémonies
quand il officiait à Versailles, en point à l'aiguille d'une
telle richesse, qu'on osait à peine les toucher. Ses armes
et sa devise étaient disposées en médaillons au-dessus de
toutes les grandes fleurs; on l'estimait plus de 100,000 livres.
Ce jour-là nous n'avions que le rochet d'Angleterre, un de
ses moins beaux, disait l'abbé Georgel, son secrétaire. Le
cardinal portait à la main un missel enluminé, meuble de
famille d'une antiquité et d'une magnificence uniques; les
livres imprimés n'étaient pas dignes de lui.

« Il vint au-devant de nous avec une galanterie et une
politesse de grand seigneur que j'ai rarement rencontrées
chez personne. Il s'informa de nous, des princes de Mont-
béliard, de la grande-duchesse de Russie, comme si cela

eût été son unique affaire. Il nous raconta son voyage avec mille détails intéressants; je me souviens entre autres qu'il nous parla de Salzbach, le lieu où fut tué le maréchal de Turenne.

« La pensée m'est venue, nous dit-il, d'élever un monu« ment à ce grand homme; j'ai donc acheté le champ où « un boulet le frappa et avec lui la fortune de la France, « pour y faire construire une pyramide. Je ferai bâtir à « côté une maison pour y établir un gardien, un vieux « soldat invalide du régiment de Turenne; je désire que « ce soit de préférence un Alsacien. La pyramide aura « vingt-cinq pieds de haut et sera entourée de lauriers, « garantis des passants par une grille en fer. Que vous « semble de ce projet, Madame la baronne? »

« Nous assurâmes Son Éminence qu'il était tout à fait patriotique. Une conversation intéressante commença alors; j'y prenais un vrai plaisir, le cardinal était fort instruit et fort aimable. »

En 1776, Ch. Guérin avait fait un joli portrait du cardinal Louis-Constantin de Rohan. La gravure en a été donnée par M. G. Guntz au musée de Saverne (N° 135 du Catalogue de 1872).

On raconte plus d'une anecdote sur le caractère léger, excentrique, extravagant de ce prélat. En voici une qui le montre dans toute sa plénitude:

La veille de Noël, un marché de jouets d'enfants et de menus objets de table, de vaisselle, de poteries, un vrai bazar, se tenait sur la place qui se trouve devant le château épiscopal. Une brave vieille femme avait là, tout le long du passage, à terre, un étalage de plats et d'assiettes que de rares chalands venaient marchander.

Le prélat arrivait de promenade au grand trot dans son carrosse, et, sans égard pour la porcelaine opaque, fait passer ses chevaux et sa voiture sur l'étalage de la pauvre vieille. Elle se désolait déjà, et toutes ses voisines s'ameutaient, lorsque l'extravagant cardinal lui fait remettre en bon et bel or trois fois la valeur de son stock fragile.

De pleurer, la marchande pousse des éclats de rire, et ses rivales de regretter que pareil malheur ne leur soit pas arrivé ! !

# LE CARDINAL AU BAPTÊME DU DAUPHIN

En 1781, la reine accoucha de celui qui devait mourir chez le cordonnier Simon. Voici ce que raconte M^me d'Oberkirch à l'occasion de ce pauvre dauphin :

« Pendant ma maladie, un grand événement eut lieu à Versailles : la reine était accouchée de M. le dauphin. Il fut baptisé le lendemain de sa naissance par M. le cardinal-prince de Rohan, grand-aumônier, évêque de Strasbourg, et tenu sur les fonts au nom de l'empereur et de M^me de Piémont, par Monsieur frère du roi, et par Madame comtesse de Provence. La mode vint de porter des dauphins en or, ornés de brillants, comme on portait des jeannettes. »[1]

---

[1] *Mémoires* de la baronne d'OBERKIRCH. T. I^er, p. 157

# CAGLIOSTRO EN ALSACE

## CHEZ LE CARDINAL DE ROHAN

« En arrivant à Strasbourg, à la fin de Novembre 1780, dit encore la baronne d'Oberkirch, nous trouvâmes toutes les têtes occupées d'un charlatan devenu célèbre, qui commençait alors, avec une rare adresse, les jongleries qui lui ont fait jouer un rôle si étrange. Je vais en dire ce que j'en ai vu, avec sincérité, laissant à mes lecteurs à juger ce que je n'ai pu comprendre. ..... Un huissier, ouvrant les deux battants de la porte, annonça tout à coup : — « S. Exc. M. le comte de « Cagliostro ! »

« Je tournai promptement la tête. J'avais entendu parler de cet aventurier depuis mon arrivée à Strasbourg, mais je ne l'avais pas encore rencontré. Je restai stupéfaite de le voir entrer ainsi chez l'évêque, de l'entendre annoncer avec cette pompe, et plus stupéfaite encore de l'accueil qu'il reçut. Il était en Alsace depuis le mois de Septembre, et il y faisait un bruit incroyable, prétendant guérir toutes sortes de maladies. Comme il ne recevait pas d'argent, et qu'au contraire il en répandait beaucoup parmi les pauvres, il attirait la foule chez lui, malgré la non-réussite de sa panacée. Il ne guérissait que ceux qui se portaient bien, ou du moins ceux chez lesquels l'imagination était assez forte pour aider le remède. La police avait les yeux sur lui, elle le faisait épier d'assez près, et il affectait de la braver. On le disait Arabe ; cependant, son accent était plutôt italien ou piémontais. J'ai su depuis qu'en effet il était de Naples. A cette époque, pour frapper l'esprit du vulgaire, il affectait des bizarreries. Il ne dormait que dans un fauteuil et ne mangeait que du fromage.

« Il n'était pas absolument beau, mais jamais physionomie plus remarquable ne s'était offerte à mon observation. Il avait surtout un regard d'une profondeur presque surnaturelle ; je ne saurais rendre l'expression de ses yeux ; c'était en même temps de la flamme et de la glace, il attirait et il repoussait ; il faisait peur et il inspirait une curiosité insurmontable. On traçait de lui deux portraits différents, ressemblants tous les deux et aussi dissemblables que possible. Il portait à sa chemise, aux chaînes de ses montres, à ses doigts, des diamants d'une grosseur et d'une eau admirables ; si ce n'était pas du strass, cela valait la rançon d'un roi. Il prétendait les fabriquer lui-même. Toute cette friperie sentait le charlatan d'une lieue.

« A peine le cardinal l'aperçut-il, qu'il courut au-devant de lui, et pendant qu'il saluait à la porte, il lui dit quelques mots que je ne cherchai pas à entendre. Tous les deux vinrent vers nous ; je m'étais levée en même temps que l'évêque, mais je me hâtai de me rasseoir, ne voulant pas laisser croire à cet aventurier que je lui accordais quelque attention. Je fus bientôt contrainte à m'en occuper néanmoins, et j'avoue en toute humilité, aujourd'hui, que je n'eus pas à m'en repentir, ayant toujours beaucoup aimé l'extraordinaire.

« Son Éminence trouva le moyen, au bout de quelque cinq minutes, et quelque résistance que j'y fisse, ainsi que M. d'Oberkirch, de nous mettre en conversation directe; elle eut le tact de ne pas me nommer, sans quoi je serais partie sur-le-champ, mais elle le mêla dans nos propos et nous dans les siens; il fallut bien se répondre. Cagliostro ne cessait de me regarder; mon mari me fit signe de partir; je ne vis pas ce signe; mais je sentis ce regard entrant dans mon sein comme une vrille, je ne trouve pas d'autre expression. Tout à coup, il interrompit M. de Rohan, lequel, par parenthèse, s'en pâmait de joie, et me dit brusquement :

« — Madame, vous n'avez pas de mère, vous avez à « peine connu la vôtre, et vous avez une fille. Vous êtes la « seule fille de votre famille et vous n'aurez pas d'autre « enfant que celle que vous avez déjà. »

« Je regardai autour de moi, si surprise, que je ne suis pas revenue encore d'une telle audace s'adressant à une femme de ma qualité. Je crus qu'il parlait à une autre, et je ne répondis pas.

« — Répondez, Madame », reprit le cardinal d'un air suppliant.

« — Monseigneur, Mᵐᵉ d'Oberkirch ne répond qu'à « ceux qu'elle a l'honneur de connaître sur pareilles ma- « tières », répliqua mon mari d'un ton presque imperti- nent; je craignis qu'il ne manquât de respect à l'évêque.

« Il se leva et salua d'un air hautain; j'en fis de même.
Le cardinal, embarrassé, accoutumé à trouver partout des
courtisans, ne sut quelle contenance tenir. Cependant, il
s'approcha de M. d'Oberkirch (Cagliostro me regardait
toujours) et lui adressa quelques mots d'une si excessive
prévenance, qu'il n'y eut pas moyen de se montrer rebelle.

« — M. de Cagliostro est un savant qu'il ne faut
« pas traiter comme un homme ordinaire », ajouta-t-il;
« demeurez quelques instants, mon cher baron; permettez
« à M^{me} d'Oberkirch de répondre; il n'y a là ni péché ni
« inconvenance, je vous le promets, et d'ailleurs, n'ai-je
« pas des absolutions toutes prêtes pour les cas réservés?

« — Je n'ai pas l'honneur d'être de vos ouailles, Mon-
« seigneur », interrompit M. d'Oberkirch, avec un reste de
mauvaise humeur.

« — Je ne le sais que trop, Monsieur, et j'en suis
« marri; vous feriez honneur à notre église. M^{me} la baronne,
« dites-nous si M. de Cagliostro s'est trompé, dites-nous le,
« je vous en supplie.

« — Il ne s'est point trompé dans ce qui concerne le
« passé », répliquai-je, entraînée par la vérité.

« — Et je ne me trompe pas davantage en ce qui con-
« cerne l'avenir », répondit-il d'une voix si cuivrée, qu'elle
retentissait comme une trompette voilée de crêpe.

« Il faut bien que je l'avoue, j'eus en ce moment un
irrésistible désir de consulter cet homme; et la crainte de
contrarier M. d'Oberkirch, dont je savais l'éloignement
pour ces sortes de mômeries, put seule m'en empêcher.
Le cardinal restait bouche béante; il était visiblement

subjugué par cet habile jongleur et ne l'a que trop prouvé
depuis. Ce jour-là restera irrévocablement gravé dans ma
mémoire. J'eus de la peine à m'arracher à une fascination
que je comprends difficilement aujourd'hui, bien que je
ne puisse la nier.

« Je n'en ai pas fini avec Cagliostro, et ce qui me reste
à dire de lui est au moins aussi singulier et plus inconnu
encore. Il prédit d'une manière certaine la mort de l'impératrice Marie-Thérèse, à l'heure même où elle rendait le
dernier soupir. M. de Rohan me le dit le soir même, et la
nouvelle n'arriva que cinq jours après. » [1]

L'année suivante, M^me d'Oberkirch était de nouveau
établie à Strasbourg ; un jour, on lui remet « une lettre
cachetée d'un sceau immense, par laquelle Mgr. le cardinal
de Rohan l'invitait à dîner, ainsi que M. d'Oberkirch, trois
jours après. » Je ne compris rien à cette politesse, dit-elle,
à laquelle nous n'étions point accoutumés.

« — Je gage, dit mon mari, qu'il veut nous mettre en
« face de son maudit sorcier, auquel je ferais volontiers un
« mauvais parti.

« — Il est à Paris, répliquai-je.

« — Il est ici depuis un mois, suivi par une douzaine
« de folles, auxquelles il a persuadé qu'il allait les guérir.
« C'est une frénésie, une rage ; et des femmes de qualité,
« encore ! voilà le plus triste. Elles ont abandonné Paris à
« sa suite, elles sont ici *parquées* dans des cellules ; tout
« leur est égal, pourvu qu'elles soient sous le regard du

_____
1 *Mémoires de la baronne d'Oberkirch*, t. I^er, p. 135.

« grand cophte, leur maître et leur médecin. Vit-on jamais
« pareille démence ?

« — Je croyais qu'il était allé soigner le prince de
« Soubise ?

« — Sans doute, mais il est revenu, et avec le cortége.
« Depuis son retour, il a guéri ici, d'une fièvre imagi-
« naire, un officier de dragons qui passait pour gravement
« malade. C'est à qui, depuis lors, réclamera ses conseils.
« Il fait grandement les choses, je l'avoue, et c'est un *phi-*
« *lanthrope* de la meilleure espèce. »

« Ce mot, inventé depuis peu par le *reste* des encyclo-
pédistes, me sembla au moins aussi étrange que ce qui
précédait.

« Nous hésitâmes assez longtemps avant de répondre
au prince. M. d'Oberkirch avait grande envie de refuser,
et moi, toujours au contraire, ce désir inconcevable de
revoir le *sorcier,* ainsi que l'appelait mon mari. La crainte
d'être impolis envers Son Eminence nous décida à accepter.
J'avoue que le cœur me battait au moment où j'entrai chez
le cardinal ; c'était une crainte indéfinissable et qui n'était
pourtant pas sans charme. Nous ne nous étions pas
trompés : Cagliostro était là.

« Jamais on ne se fera une idée de la fureur, de la
passion avec laquelle tout le monde se jetait à sa tête ; il
faut l'avoir vu. On l'entourait, on l'obsédait ; c'était à qui
obtiendrait de lui un regard, une parole. Et ce n'était pas
seulement dans notre province : à Paris, l'engouement
était le même. M. d'Oberkirch n'avait rien exagéré. Une
douzaine de femmes de qualité, plus deux comédiennes,

l'avaient suivi pour ne pas interrompre leur traitement, et
la cure de l'officier de dragons, feinte ou véritable, acheva
de le diviniser. Je m'étais promise de ne me singulariser en
rien, d'accepter comme les autres la science merveilleuse
de l'adepte, ou du moins d'en avoir l'air, mais de ne jamais
me livrer avec lui, ni de lui donner l'occasion d'étaler sa
fatuité pédante, et surtout de ne point permettre qu'il fran-
chît le seuil de notre porte.

« Dès qu'il m'aperçut, il me salua très respectueuse-
ment ; je lui rendis son salut sans affectation de hauteur
ni de bonne grâce. Je ne savais pourquoi le cardinal tenait
à me gagner plus qu'une autre. Nous étions une quinzaine
de personnes, et lui ne s'occupa que de moi. Il mit une
coquetterie raffinée à m'amener à sa manière de voir. Il
me plaça à sa droite, ne causa presque qu'avec moi, et
tâcha, par tous les moyens possibles, de m'inculquer ses
convictions. Je résistai doucement, mais fermement ; il
s'impatienta et en vint aux confidences en sortant de table.
Si je ne l'avais pas entendu, je ne supposerais jamais
qu'un prince de l'Eglise romaine, un Rohan, un homme
intelligent et honorable sous tant d'autres rapports, puisse
se laisser subjuguer au point d'abjurer sa dignité, son libre
arbitre, devant un chevalier d'industrie.

« — En vérité, Madame la baronne, vous êtes trop
« difficile à convaincre. Quoi ! ce qu'il vous a dit à vous-
« même, ce que je viens de vous raconter, ne vous a pas
« persuadée ! Il vous faut donc tout avouer ; souvenez-
« vous au moins que je vais vous confier un secret d'im-
« portance. »

« Je me trouvai fort embarrassée ; je ne me souciais pas de son secret, et son inconséquence très connue, dont il me donnait du reste une si grande preuve, me faisait craindre de partager l'honneur de sa confiance avec trop de gens, et avec des gens indignes de lui. J'allais me récuser, il le devina.

« — Ne dites pas non, interrompit-il, et écoutez-moi. « Vous voyez bien ceci ? »

« Il me montrait un gros solitaire qu'il portait au petit doigt et sur lequel étaient gravées les armes de la maison de Rohan ; c'était une bague de 20,000 livres au moins.

« — C'est une belle pierre, Monseigneur, et je l'avais « déjà admirée.

« — Eh bien ! c'est lui qui l'a faite, entendez-vous ; il « l'a créée avec rien ; je l'ai vu, j'étais là, les yeux fixés « sur le creuset, et j'ai assisté à l'opération. Est-ce de la « science ? Qu'en pensez-vous, Madame la baronne ? On « ne dira pas qu'il me leurre, qu'il m'exploite ; le joaillier « et le graveur ont estimé le brillant à 25,000 livres. Vous « conviendrez au moins que c'est un étrange filou que « celui qui fait de pareils cadeaux. »

« Je restai stupéfaite, je l'avoue ; M. de Rohan s'en aperçut et continua, se croyant sûr de sa victoire :

« — Ce n'est pas tout : il fait de l'or ; il m'en a com-« posé devant moi, pour 5 ou 6,000 livres, là-haut, dans « les combles du palais. J'en aurai davantage, j'en aurai « beaucoup ; il me rendra le prince le plus riche de l'Eu-« rope. Ce ne sont point des rêves, Madame, ce sont des « preuves. Et ses prophéties toutes réalisées, et toutes les

« guérisons miraculeuses qu'il a opérées ! Je vous dis que
« c'est l'homme le plus extraordinaire, le plus sublime et
« dont le savoir n'a d'égal au monde que sa bonté. Que
« d'aumônes il répand ! que de bien il fait ! cela passe
« toute imagination.

« — Quoi ! Monseigneur, Votre Excellence ne lui a
« rien donné pour tout cela, pas la moindre avance, pas de
« promesses, pas d'écrit qui vous compromette. Pardonnez
« ma curiosité, puisque vous voulez bien me confier ces
« mystères, je....

« — Vous avez raison, Madame, et je puis vous
« assurer un fait, c'est qu'il n'a absolument rien demandé,
« qu'il n'a rien reçu de moi.

« — Ah ! Monseigneur ! m'écriai-je, il faut que cet
« homme compte exiger de vous de bien dangereux sacri-
« fices, pour acheter aussi cher votre confiance illimitée !
« A votre place, j'y prendrais garde ; il vous conduira
« loin. »

« Le cardinal ne me répondit que par un sourire
d'incrédulité ; mais je suis sûre que plus tard, dans l'affaire
du collier, lorsque Cagliostro et M^me de la Motte l'eurent
jeté au fond de l'abîme, il se rappela mes paroles.

« Nous causâmes ainsi presque toute la soirée ; et je
finis par découvrir le but de ses cajoleries ; le pauvre
prince n'agissait pas de lui-même. Cagliostro savait mon
amitié intime avec la grande-duchesse, et il avait insisté
auprès de son protecteur, pour qu'il me persuadât de son
pouvoir occulte, afin d'arriver par moi à Son Altesse
Impériale. Le plan n'était pas mal conçu, mais il échoua

devant ma volonté ; je ne dis pas ma raison, elle eût été insuffisante ; je ne dis pas ma conviction, je la sentais ébranlée. Il est certain que si je n'avais pas dominé le penchant qui m'entraînait vers le merveilleux, je fusse devenue, moi aussi peut-être, la dupe de cet intrigant. L'inconnu est si séduisant ! Le prisme des découvertes et des sciences astrologiques a tant d'éclat ! Ce que je ne puis dissimuler, c'est qu'il y avait en Cagliostro une puissance démoniaque ; c'est qu'il fascinait l'esprit, c'est qu'il domptait la réflexion. Je ne me charge pas d'expliquer ce phénomène, je le raconte, laissant à de plus instruits que moi le soin d'en percer le mystère.

« Le cardinal de Rohan perdit plus tard des sommes immenses, prodigieuses, avec ce *désintéressé.* On assure pourtant qu'il est encore complétement aveuglé et qu'il n'en parle que les larmes aux yeux. Quelle tête que celle de ce prélat ! Quelle position il a gâtée ! Que de mal il a fait par sa faiblesse et son inconséquence ! Il l'expie cruellement ; mais il a été bien coupable ! »

M. Ch. Asselineau publia en 1862, sous le titre de : *Mélanges curieux et anecdotiques,* chez Téchener, à Paris, une collection des autographes et des documents historiques appartenant à M. Fossé-Darcosse, un fort volume in-8°.

Dans le nombre des pièces se trouvait une lettre autographe signée par le prince-évêque de Strasbourg, Louis-René de Rohan. C'était pour recommander Cagliostro à Strasbourg.

Cette lettre de trois pages in-4°, datée de Versailles, le
13 Janvier 1783, et adressée au comte de ...., a pour objet
de recommander « la personne de M. de Cagliostro, qu'il
seroit advantageux de fixer dans la ville de Strasbourg, en
le détournant de l'idée de retourner à Bastia. Il a droit :

« A toutes les nuances de votre bienfaisance sous le
rapport de son honnesteté et de son attachement singulier
à tout ce qui prend dans son esprit le caractère d'utilité
pour l'homme souffrant.... » [1]

[1] *Le Bibliographe alsacien.* N° 7, 1863, p. 189.

# LE REVERS DE LA MÉDAILLE DU CARDINAL DE ROHAN

## *Affaire du Collier*

Tout le monde sait à quoi ce titre fait allusion ; tout le monde connaît plus ou moins l'affaire fameuse du collier : ce n'est donc pas cette histoire, toujours restée embrouillée que nous voulons remettre au jour. Ce qui nous intéresse en ce moment, ce sont les suites de l'affaire du collier par rapport au cardinal de Rohan, qui sont beaucoup moins connues et qui ne manquent certes pas d'intérêt au point de vue satyrique et comico-tragique.

Reprenons le drame où le cardinal fut le malheureux héros. Le 15 Août 1785, le cardinal, étant déjà revêtu de ses habits pontificaux, fut appelé à midi dans le cabinet du roi, où se trouvait la reine. Le roi lui dit : « — Vous avez acheté des diamants à Bœhmer ? — Oui, sire. — Qu'en avez-vous fait ? — Je croyais qu'ils avaient été remis à la reine. — Qui vous avait chargé de cette commission ? — Une dame appelée Mᵐᵉ la comtesse de la Motte Valois, qui m'avait présenté une lettre de la reine, et j'ai cru faire ma cour à Sa Majesté en me chargeant de cette commission. » Alors la reine l'interrompit et lui dit : « — Comment, Monsieur, avez-vous pu croire, vous à qui je n'ai pas adressé la parole depuis huit ans, que je vous choisissais pour conduire cette négociation et par l'entremise d'une pareille femme? — Je vois bien, reprit le cardinal, que j'ai été cruellement trompé; je payerai le collier; l'envie que j'avais de plaire à Votre Majesté m'a fasciné les yeux; je n'ai vu nulle supercherie, et j'en suis fâché. » Alors il sortit de sa poche un portefeuille dans lequel était la lettre de la reine à M^me de la Motte pour lui donner cette commission. Le roi la prit, et la montrant au cardinal, lui dit : « — Ce n'est ni l'écriture de la reine ni sa signature : comment un prince de la maison de Rohan et un grand aumônier a-t-il pu croire que la reine signait *Marie-Antoinette de France?* Personne n'ignore que les reines ne signent que leur nom de baptême. Mais, Monsieur, continua le roi, en lui présentant une copie de sa lettre à Bœhmer, avez-vous écrit une lettre pareille à celle-ci? » Le cardinal, après l'avoir parcourue des yeux : « — Je ne me souviens pas, dit-il, de l'avoir écrite. — Et si l'on vous montrait l'original signé de vous? — Si la lettre est signée de moi, elle est vraie. — Expliquez-moi donc, continua le roi, toute cette énigme; je ne veux pas vous trouver coupable; je désire votre justification. Expliquez-moi ce que signifient toutes ces démarches auprès de Bœhmer, ces assurances et ces billets? » Le cardinal pâlissait alors à vue d'œil, et s'appuyant contre la table : « — Sire, je suis trop troublé pour répondre à votre Majesté d'une manière.... — Remettez-vous, Monsieur le cardinal, et passez dans mon cabinet; vous y trouverez du papier, des plumes et de l'encre; écrivez ce que vous avez à me dire. » Le cardinal passa dans le cabinet du roi et revint un quart d'heure après, avec un écrit aussi peu clair que l'avaient été ses réponses verbales. Le roi prend le papier en disant au cardinal : « — Je vous préviens que vous allez être arrêté. — Ah ! sire, j'obéirai toujours aux ordres de Votre Majesté, mais qu'elle daigne m'épargner la douleur d'être arrêté dans mes habits pontificaux, aux yeux de toute la Cour ! — — Il faut que cela soit » ; et sur ce mot, le roi quitte brusquement le cardinal sans l'écouter davantage.

Au sortir de chez le roi, le cardinal de Rohan était arrêté et conduit à la Bastille. Deux jours après, il en sortait pour assister, en présence du baron de Breteuil, à l'inventaire de ses papiers. Le 5 Septembre 1785, le jugement du cardinal était enlevé à la juridiction des tribunaux ecclésiastiques et déféré à la Grand'Chambre assemblée par lettres patentes où la volonté du roi s'exprimait ainsi :

« LOUIS, par la grâce de Dieu, roi de France et de Navarre ; à nos amés et féaux conseillers, les gens tenans notre Cour de Parlement, à Paris, SALUT. Ayant été informé que les nommés Bœhmer et Bassange auroient vendu un collier au cardinal de Rohan, à l'insu de la Reine, notre très-chère épouse et compagne, lequel leur auroit dit être autorisé par elle à en faire l'acquisition, moyennant le prix de seize cent mille livres, payables en différents termes, et leur auroit fait voir, à cet effet, de prétendues propositions qu'il leur auroit exhibées comme approuvées et signées par la Reine ; que ledit collier, ayant été livré par lesdits Bœhmer et Bassange audit cardinal, et le premier payement convenu entre eux n'ayant pas été effectué, ils auroient eu recours à la Reine. Nous n'avons pu voir sans une juste indignation que l'on ait osé emprunter un nom auguste et qui nous est cher à tant de titres, et violer, avec une témérité aussi inouïe, le respect dû à la Majesté royale. Nous avons pensé qu'il étoit de notre justice de mander devant nous ledit cardinal, et, sur la déclaration qu'il nous a faite, qu'il avoit été trompé par une femme nommée La Motte de Valois, nous avons jugé qu'il étoit indispensable de nous assurer de sa personne et de celle de ladite dame de Valois, et de prendre les mesures que notre sagesse nous a suggérées pour découvrir tous ceux qui auroient pu être auteurs ou complices d'un attentat de cette nature, et nous avons jugé à propos de vous en attribuer la connoissance pour être le procès par vous instruit, jugé, la Grand'Chambre assemblée. »

Le cardinal de Rohan se défendait et se justifiait comme il suit. Au mois de Septembre 1781, M^me de Boulainvilliers lui présentait une femme dont elle était la bienfaitrice, qu'elle avait recueillie et élevée, M^me de la Motte-Valois. La misère de la protégée de M^me de Boulainvilliers, son nom, son rang, sa figure, son esprit, touchaient le cardinal. Il aidait M^me de la Motte de quelques louis. Mais que pouvait l'aumône contre le désordre de M^me de la Motte? Au mois d'Avril 1784, elle obtenait d'aliéner la pension de 1,500 livres accordée par la Cour à la descendante des Valois. Tout donne à croire que, vers ce temps, des relations s'étaient établies entre le cardinal et M^me de la Motte. M^me de la Motte était entrée dans des secrets échappés au cardinal, à l'imprudence de sa parole et à la légèreté de son caractère. Elle le savait las de sa position

à la Cour, impatient des amertumes de sa disgrâce et des
froideurs méprisantes de la reine, ambitieux et bouillant
d'effacer son passé, prêt à tout, avec l'ardeur de la faiblesse,
pour rentrer en grâce. Peu à peu, par degrés, autour du
cardinal et par tous ses familiers, M^me de la Motte ébrui-
tait doucement, discrètement, une protection auguste, une
grande faveur, dont elle était honorée; confirmant elle-
même les propos qu'elle semait, disant qu'elle avait un
accès secret auprès de la reine, que des terres du chef de
sa famille lui allaient être restituées, qu'elle allait avoir
part aux grâces. Le cardinal, il ne faut pas l'oublier, s'il
n'était ni un niais ni un sot, s'il avait tout le vernis d'un
homme du monde et tout l'esprit d'un salon, le cardinal
manquait absolument de ce sang-froid de la raison et de
ce contrôle du bon sens qui est la conscience et la règle
des actes de la vie. Aveuglé par son désir de rentrer en
grâce, il s'abandonnait à M^me de la Motte, qui travaillait
sans relâche sa confiance, nourrissait ses désirs, enhardis-
sait ses illusions par toutes les ressources et toutes les
audaces de l'intrigue et du mensonge. Un jour M^me de la
Motte disait au cardinal : « — Je suis autorisée par la reine
à vous demander par écrit la justification des torts qu'on
vous impute. » Cette apologie remise par le cardinal à
M^me de la Motte, M^me de la Motte apportait, quelques jours
après, ces lignes où elle faisait ainsi parler la reine au cardinal : « J'ai lu votre lettre, je suis charmée de ne plus
vous trouver coupable; je ne puis encore vous accorder
l'audience que vous désirez. Quand les circonstances le
permettront, je vous en ferai prévenir; soyez discret. »

Et quels soupçons, quelles inquiétudes pouvaient rester
au cardinal après cette impudente comédie d'Août 1784,
imaginée par M^me de la Motte, où une femme ayant la
figure, l'air, le costume et la voix de la reine, lui appa-
raissait dans les jardins de Versailles et lui donnait à croire
que le passé était oublié? De ce jour, le cardinal appartenait tout entier à M^me de la Motte. Les espérances insolentes
qu'il osait concevoir de cette entrevue le livraient et le
liaient à une crédulité sans réflexion, sans remords, sans
bornes. M^me de la Motte pouvait dès lors en abuser à son
gré, en faire l'instrument de sa fortune, le complice de ses
intrigues. Elle pouvait tout demander au cardinal au nom
de cette reine qui lui avait pardonné, non avec la dignité
d'une reine, mais avec la grâce d'une femme. Et c'est dès
ce mois d'Août une somme de 60,000 livres que M^me de la
Motte tire du cardinal, pour des infortunés, dit-elle, auxquels la reine s'intéresse; et c'est, au mois de Novembre,
une autre somme de 100,000 écus qu'elle obtient encore
de lui, au nom de la reine, pour le même objet.

Mais de telles sommes étaient loin de suffire aux
besoins, aux dettes, aux goûts, au luxe, à la maison de
M^me de la Motte. Tentée par l'occasion, elle songea à faire
sa fortune, une grande fortune, d'un seul coup.

Bassange et Bœhmer, qui entretenaient tout Paris de
leur collier, et battaient toutes les influences pour forcer
la main au roi ou à la reine, étaient tombés sur un sieur
Delaporte, de la société de M^me de la Motte, qui leur avait
parlé de M^me de la Motte comme d'une dame honorée des
bontés de la reine. Bassange et Bœhmer sollicitent aussitôt

de M^me de la Motte la permission de lui faire voir le collier.
Elle y consent, et le collier lui est présenté le 29 Décembre
1784. M^me de la Motte, habile à cacher son jeu, parle aux
joailliers de sa répugnance à se mêler de cette affaire, sans
les désespérer toutefois. Au sortir de l'entrevue, elle se
hâte d'expédier, par le baron de Planta, une nouvelle
lettre au cardinal, alors à Strasbourg. M^me de la Motte y
faisait dire à la reine : « Le moment que je désire n'est
pas encore venu, mais je hâte votre retour pour une négociation secrète qui m'intéresse personnellement et que je
ne veux confier qu'à vous ; la comtesse de la Motte vous
dira de ma part le mot de l'énigme. » Le 20 Janvier 1785,
M^me de la Motte fait dire aux joailliers de se rendre chez
elle le lendemain 21 ; et là, en présence du sieur Hachette,
beau-père du sieur Delaporte, elle leur annonce que la
reine désire le collier, et qu'un grand seigneur sera chargé
de *traiter cette négociation pour Sa Majesté*. Le 24 Janvier,
le comte et la comtesse de la Motte rendent visite aux
joailliers, leur disent que le collier sera acheté par la reine,
que le négociateur ne tardera pas à paraître, et qu'ils avisent
à prendre leurs sûretés. L'affaire avait été engagée pendant
l'absence du cardinal. M^me de la Motte lui apprenait à son
retour de Saverne, le 5 Janvier, que la reine désirait acheter
le collier des sieurs Bœhmer et Bassange, et entendait le
charger de suivre les détails et de régler les conditions de
l'achat ; elle appuyait son dire de lettres qui ne per-
mettaient au cardinal qu'une soumission respectueuse.

Le 24 Janvier, le cardinal, à la suite d'une visite des
époux de la Motte, entre chez les joailliers, se fait montrer

le collier, et ne cache pas qu'il achète non pour lui-même, mais pour une personne qu'il ne nomme pas, mais qu'il obtiendra peut-être la permission de nommer. Quelques jours après, le cardinal revoit les joailliers. Il leur montre des conditions écrites de sa main : 1° le collier sera estimé si le prix de 1,600,000 livres paraît excessif; 2° les payements se feront en deux ans, de six mois en six mois; 3° on pourra consentir des délégations; 4° ces conditions agréées par l'acquéreur, le collier devra être livré le 1er Février au plus tard. Les joailliers acceptent ces conditions, et signent l'écrit sans que la reine soit nommée. Cet écrit, revêtu de l'acceptation des joailliers, est remis à Mme de la Motte qui, deux jours après, le rend au cardinal, avec des approbations à chaque article, et au bas la signature : *Marie Antoinette de France.*

Aussitôt le cardinal, étourdi du succès de sa négociation, de la faveur dont il croit jouir, du mystère même dont la reine entoure sa confiance, écrit aux joailliers que le traité est conclu, et les prie d'apporter l'objet vendu. Les joailliers, assurés que c'est à la reine qu'ils vendent, se rendent aux ordres du cardinal. Le collier reçu, le cardinal se rend à Versailles, arrive chez Mme de la Motte, lui remet l'écrin : « — La reine attend, dit Mme de la Motte, ce collier lui sera remis ce soir. » En ce moment paraît un homme qui se fait annoncer comme envoyé par la reine. Le cardinal se retire dans une alcôve; l'homme remet un billet; Mme de la Motte le fait attendre quelques instants, va montrer au cardinal le billet, portant ordre de remettre le collier au porteur. L'homme est appelé. Il reçoit l'écrin. Il part.

Le cardinal, convaincu que le collier est remis à la

reine, donne ce jour même la première preuve de l'acquisition faite par la reine par cette lettre : « Monsieur Bœhmer, S. M. la reine m'a fait connaître que ses intentions
étoient que les intérêts de ce qui sera dû après le premier
payement, fin Août, courent et vous soient payés successivement avec les capitaux jusqu'à parfait acquittement. »
Ainsi le cardinal, enfoncé dans la confiance, n'a pas un
doute. Le lendemain, il charge son heiduque Schreiber de
voir s'il n'y aurait rien de nouveau dans la parure de la
reine au dîner de Sa Majesté. Le 3 Février, rencontrant à
Versailles le sieur et la dame Bassange, il leur reproche
de n'avoir point fait encore leurs très humbles remercîments à la reine de ce qu'elle a bien voulu acheter leur
collier. Il les pousse à la voir, à en chercher l'occasion, à
la provoquer. Toutefois, le cardinal s'étonnait de ne pas
voir la reine porter le collier, et il partit pour Saverne,
ne soupçonnant rien encore, mais déjà moins hardi dans
ses rêves, presque déçu. Mᵐᵉ de la Motte venait le retrou-
ver à Saverne, et relevait sa confiance en lui promettant
une audience de la reine à son retour. Le cardinal, revenu
de Saverne, l'audience tardant, la reine continuant à ne
pas porter le collier, le cardinal s'inquiétait. Il pressait
Mᵐᵉ de la Motte. La reine trouvait le prix excessif, répon-
dait Mᵐᵉ de la Motte, qui voulait gagner du temps; la
reine demandait ou l'estimation ou la diminution de
200,000 livres. Jusque-là, ajoutait Mᵐᵉ de la Motte, la
reine ne portera pas le collier. Les joailliers se soumet-
taient à la réduction, et Mᵐᵉ de la Motte faisait voir au
cardinal une nouvelle lettre de la reine, dans laquelle la

reine disait qu'elle gardait le collier, et qu'elle ferait payer 700,000 livres au lieu de 400,000 à l'époque de la première échéance, fixée au 31 Juillet.

C'est alors que le cardinal, les joailliers ayant négligé de se présenter devant la reine pour la remercier, exigeait d'eux qu'ils lui écrivissent leurs remercîments. Malheureusement cette lettre de Bœhmer, reçue par la reine, lue par elle, tout haut, devant ses femmes présentes; cette lettre, qui eût pu être une révélation, était considérée par la reine comme un nouvel acte de folie de ce marchand qui l'avait menacée de se jeter à l'eau. La reine n'y comprenant rien et n'y voyant « qu'une énigme du *Mercure* », la jetait au feu. Et qui pourrait essayer de nier l'ignorance de la reine? Ne faudrait-il pas nier cette note écrite au moment où la fraude va être découverte, et trouvée dans le peu de papiers du cardinal échappés au feu allumé par l'abbé Georgel? « Envoyé chercher une seconde fois B. (Bœhmer). La tête lui tourne depuis que A. (la reine) lui a dit : *Que veulent dire ces gens-là? Je crois qu'ils perdent la tête.* »

Ceci se passait le 12 Juillet. Quelques jours après, M^me de la Motte avertissait le cardinal que les 700,000 livres, payables au 31 Juillet, ne seraient pas payées, que la reine en avait disposé; mais que les intérêts seraient acquittés. La préoccupation de ce payement qui manque, le souci de faire attendre les joailliers, troublent le cardinal. Il s'alarme. A ce moment, il lui tombe sous les yeux de l'écriture de la reine. Il soupçonne. Il mande M^me de la Motte. Elle arrive tranquille, et le rassure. Elle n'a pas vu, dit-elle, écrire la reine; mais les approbations sont de sa main, il n'y a pas le moindre doute à avoir. Elle jure que les ordres qu'elle a transmis au cardinal lui viennent de la reine. D'ailleurs, pour lui ôter toute inquiétude, elle va lui apporter 3o,ooo livres de la part de la reine pour les intérêts. Et ces 3o,ooo livres, M<sup>me</sup> de la Motte les apporte au cardinal. Le cardinal ignore que M<sup>me</sup> de la Motte les a empruntées sur des bijoux mis en gage chez son notaire, et tous ses soupçons tombent devant une pareille somme apportée par une femme qu'il nourrit de ses charités.

Le 3 Août, Bœhmer voyait M<sup>me</sup> Campan à sa maison de campagne, et tout se découvrait. M<sup>me</sup> de la Motte faisait appeler le cardinal, dont l'aveuglement continuait sans que cette phrase de Bassange, du 4 Août, l'eût éclairé : « Votre intermédiaire ne nous trompe-t-il pas tous les deux? » M<sup>me</sup> de la Motte se plaignait au cardinal d'inimitiés redou-tables conjurées contre elle, lui demandait un asile, le compromettait par cette hospitalité, puis le quittait le 5, et se retirait à Bar-sur-Aube. Elle espérait que l'affaire se dénouerait sans éclat; elle comptait que le cardinal avait trop à risquer pour appeler sur son imprudence et sa témé-rité le bruit, la lumière, la justice. Compromis avec elle, le cardinal payerait et se tairait, pensait M<sup>me</sup> de la Motte.

Toute cette affaire n'était donc qu'une escroquerie. Encore l'idée n'en était-elle pas bien neuve. Le scandale n'était pas oublié d'une M<sup>me</sup> de Cahouet de Villiers, qui par deux fois, en 1777, imitant l'écriture et la signature de Marie-Antoinette, s'était fait livrer d'importantes fourni-tures par la demoiselle Bertin; puis, réprimandée pour

toute punition et pardonnée par la reine, fabriquait une
nouvelle lettre signée Marie-Antoinette, au moyen de laquelle elle enlevait 200,000 livres au fermier général Béran-
ger. Une autre intrigue, moins ébruitée, presque inconnue
du public même alors, n'avait-elle pas, quelques années
après, annoncé l'affaire du collier, et montré la voie à
l'imagination de M$^{me}$ de la Motte? Une femme, en 1782,
s'était vantée, elle aussi, d'être honorée de la confiance et
de l'intimité de la reine. Elle montrait des lettres de M$^{me}$ de
Polignac, qui la priait de se rendre à Trianon. Elle usait
du cachet de la reine, surpris par elle sur la table du duc
de Polignac. A l'entendre, elle disposait de la faveur de
M$^{me}$ de Lamballe; à l'entendre, elle avait, par son crédit
sur la reine, désarmé le ressentiment de la princesse de
Guémenée et de M$^{me}$ de Chimay contre une dame de Roque-
feuille. Mêmes mensonges et mêmes dupes, c'est la même
comédie, et, chose inconcevable, c'est le même nom :
l'intrigante de 1782 s'appelait, elle aussi, de la Motte!
Marie-Josephe-Françoise Waldburg-Frohberg, épouse de
Stanislas-Henri-Pierre du Pont de la Motte, ci-devant
administrateur et inspecteur du collége royal de la Flèche.

A l'appui de sa bonne foi de dupe, le cardinal de
Rohan apportait la subite fortune et le soudain étalage de
M$^{me}$ de la Motte, ce mobilier énorme dont Chevalier avait
fourni les bronzes, Sikes les cristaux, Adam les marbres;
tout ce train, monté d'un coup de baguette, chevaux, équi-
page, livrée; tant de dépenses, l'achat d'une maison, d'une
argenterie magnifique, d'un écrin de 100,000 livres, tant
d'argent jeté de tous les côtés aux caprices les plus ruineux,

par exemple à un oiseau automate de 1,500 livres! La défense du cardinal rapprochait de ces dépenses les ventes successives de diamants faites par la femme la Motte, à partir du 1er Février, pour 27,000 livres, 16,000 livres, 36,000 livres, etc. ; les ventes de montures de bijoux pour 40 ou 50,000 livres ; les ventes opérées en Angleterre par le mari de Mme de la Motte de diamants semblables à ceux du collier, d'après le dessin envoyé de France, pour 400,000 livres en argent, ou échangés contre d'autres bijoux, tels qu'un médaillon de diamants de 230 louis, des perles à broder pour 1,890 louis, etc. ; tous échanges ou ventes certifiés par les tabellions royaux de Londres. L'éclat de cette fortune et de ces dépenses, ajoutait la défense, avait été soigneusement dérobé au cardinal par Mme de la Motte. Elle le recevait dans un grenier lorsqu'il venait chez elle ; et le 5 Août, lorsqu'elle le quittait pour aller habiter la maison qu'elle avait achetée à Bar-sur-Aube, elle lui disait se retirer chez une de ses parentes.

Mme de la Motte niait tout. Elle niait ses rapports avec les joailliers, ce bruit de faveur auprès de la reine répandu par elle, le récit fait par le cardinal de la remise du collier. Ne voyant son salut que dans la perte du cardinal, elle imaginait cette fable d'une influence magnétique de Cagliostro sur le cardinal. C'était à Cagliostro, suivant elle, que le cardinal avait remis le collier. C'était Cagliostro qui avait fait prendre au cardinal le comte et la comtesse de la Motte pour agents en France et en Angleterre du dépècement et du changement de nature du collier. Les deux grands faits à sa charge, la fausse signature de la reine sur

le marché, et la comédie de l'apparition de la reine au cardinal dans le parc de Versailles, M^me de la Motte les repoussait d'un ton léger. Suivant elle, « le cardinal ayant toujours
gardé le plus grand secret sur cette négociation qu'il a conduite lui-même, elle ne connaît la négociation que comme
le public, par les lettres patentes du mois de Septembre
dernier et le réquisitoire en forme de plaintes du procureur général ». Quant à la scène du parc de Versailles, elle
s'écrie ironiquement dans son mémoire : « C'est le baron
de Planta qui apparemment aura fait voir à M. de Rohan,
ou lui aura fait croire qu'il voyait on ne sait quel fantôme
à travers l'une de ces bouteilles d'eau limpide avec laquelle
Cagliostro a fait voir notre auguste reine à la jeune demoiselle de la Tour » ; et raillant agréablement le cardinal :
« Dans ce rêve extravagant, M. de Rohan a-t-il donc
reconnu le port majestueux, ces attitudes de tête qui n'appartiennent qu'à une reine, fille et sœur d'empereur? »

Une déposition inattendue venait faire justice du per-
siflage de M^me de la Motte. Un religieux minime déclarait
avoir désiré prêcher à la Cour, pour obtenir le titre de
prédicateur du roi. Refusé pour un de ses sermons soumis
au grand aumônier de France, il avait été engagé à se présenter chez M^me de la Motte, qui, lui dit-on, gouvernait le
cardinal, et lui obtiendrait cette faveur. Il avait suivi le
conseil, réussi auprès de M^me de la Motte, prêché devant
le roi. De là une grande reconnaissance du religieux, qui
devenait l'ami de M^me de la Motte et son commensal habi-
tuel. Un jour qu'il y dînait, il avait été frappé de la beauté
d'une jeune personne et de sa ressemblance avec la reine.

Il se rappelait l'avoir vue reparaître le soir, après une seconde toilette, avec la coiffure habituelle de la reine. Sur cette déposition, sur les recherches de la police, la demoiselle Oliva était arrêtée, le 17 Octobre, à Bruxelles, et amenée à la Bastille. Interrogée, elle confirmait la déposition du Père Loth. Un homme qui l'avait rencontrée au Palais-Royal, lui avait rendu plusieurs visites. Il lui parlait de protections puissantes qu'il voulait lui faire obtenir, puis lui annonçait la visite d'une dame de grande distinction qui s'intéressait à elle. Cette dame était M<sup>me</sup> de la Motte. Elle se disait à la d'Oliva chargée par la reine de trouver une personne qui pût faire quelque chose qu'on lui expliquerait lorsqu'il en sera temps, et lui offrait 15,000 livres. La d'Oliva acceptait. C'était dans les premiers jours d'Août. Le comte et la comtesse de la Motte amenèrent la d'Oliva à Versailles. Ils sortent, puis reviennent, et lui annoncent que la reine attend avec la plus vive impatience le lendemain, pour voir comment la chose se passera. Le lendemain, c'est la comtesse qui s'occupe elle-même de la toilette de la d'Oliva. Elle lui met une robe de linon, une robe à l'enfant, ou une *gaule*, appelée plus communément une chemise, et la coiffe en demi-bonnet. Quand elle est habillée, la comtesse lui dit : « — Je vous conduirai ce soir dans le parc, et vous remettrez cette lettre à un très grand seigneur que vous y rencontrerez. » Entre 11 heures et minuit, M<sup>me</sup> de la Motte lui jetait un mantelet blanc sur les épaules, une *thérèse* sur la tête, et la conduisait au parc. En chemin, elle lui remettait une rose : « — Vous remettrez cette rose avec la lettre à la personne qui se présentera devant vous et vous lui direz seulement : Vous savez ce que cela veut dire. » Arrivée au parc, M^me de la Motte fait placer la d'Oliva dans une charmille, puis va chercher le grand seigneur, qui s'approche en s'inclinant. La d'Oliva dit la phrase, remet la rose..... « — Vite ! vite ! venez ! » C'est M^me de la Motte qui accourt et l'entraîne.

Ce démenti, donné à toute la défense de M^me de la Motte, n'abattit point son impudence. Mais bientôt un autre démenti confondait ses mensonges. Rétaux de Villette, son confident, son secrétaire, arrêté à Genève, avouait qu'abusé par l'influence de M^me de la Motte, par l'espérance d'une fortune auprès du cardinal, il avait écrit, sous la dictée de M^me de la Motte, toutes les fausses lettres qui avaient trompé M. de Rohan. Il avouait qu'il avait tracé, sous ses ordres, les mots *Approuvé* en marge du traité de vente du collier, tracé au bas la signature *Marie-Antoinette de France*. [1]

Ainsi, « une intrigante, dit M^me Campan, avait tout ourdi. Elle avait trompé le cardinal et le joaillier, contrefait (ou fait contrefaire) la signature de la reine, et imaginé une rencontre entre la reine et le cardinal, le soir, dans les jardins de Versailles, où une fille nommée Oliva, qui ressemblait étrangement à Marie-Antoinette, se montra un instant et disparut dans les bosquets. Le cardinal fut dupe de cette ressemblance comme il l'avait été de tout le reste.

« Madame, belle-sœur du roi, avait été la seule protectrice de M^me de la Motte, qui se disait descendante de

---

[1] *Histoire de Marie-Antoinette*, par E. et J. DE GONCOURT.

la maison de Valois, et cette protection s'était bornée à
lui faire accorder une mince pension de 1200 ou 1500
francs. Son frère avait été placé dans la marine royale, où
le marquis de Chabert, auquel il avait été recommandé,
ne put jamais en faire un officier estimable.

« La reine chercha vainement à se rappeler les traits
de cette femme, dont elle avait souvent entendu parler
comme d'une intrigante qui venait souvent le dimanche
dans la galerie de Versailles, où le public était admis
comme dans le parc ; et lorsqu'à l'approche où le procès
du cardinal occupait toute la France, on mit en vente le
portrait de la comtesse de la Motte-Valois, Sa Majesté me
dit, un jour où j'allais à Paris, de lui acheter cette gravure que l'on disait assez ressemblante pour qu'elle vît si
elle lui retrouvait une personne qu'elle devait avoir aper-
çue dans la galerie.

« Non seulement la reine, mais tout ce qui approchait
Sa Majesté n'avait jamais eu la moindre relation avec
cette intrigante ; et, dans son procès, elle ne put indiquer
qu'un nommé Duclos, garçon de la chambre de la reine,
auquel elle prétendait avoir remis le collier de Bœhmer.
Ce Duclos était un fort honnête homme. Confronté avec
la femme de la Motte, il fut prouvé qu'elle ne l'avait
jamais vue qu'une fois, chez la femme d'un chirurgien-
accoucheur de Versailles, qui était la seule personne chez
qui elle allait à la Cour, et qu'elle ne lui avait point remis
le collier. M^me de la Motte avait épousé un simple garde
du corps de Monsieur ; elle logeait à Versailles, dans un
très médiocre hôtel garni, *A la Belle-Image ;* et l'on ne

peut concevoir comment une personne aussi obscure était parvenue à se faire croire amie de la reine, qui, malgré son extrême bonté, n'accordait d'audience que très rarement seulement aux personnes titrées. »[1]

Il fut prouvé au procès :

1° Que le cardinal avait été persuadé qu'il achetait le collier pour la reine ;

2° Que l'autorisation signée : *Marie-Antoinette de France,* était écrite de la main de Vilette, à l'instigation de la dame de la Motte ;

3° Que le collier avait été livré à M^me de la Motte pour le faire remettre à la reine ;

4° Que son mari l'avait porté dépecé à Londres ; qu'il en avait vendu pour son compte les pierres les plus précieuses.

---

[1] M^me CAMPAN. *Mémoires.*

# LE CARDINAL A LA BASTILLE

Les détails qui vont suivre ont été tirés d'un livre qui a paru en 1789, par livraisons, à Paris, chez Desenne, au Palais-Royal, et qui porte pour titre : *La Bastille dévoilée ou Recueil de pièces authentiques pour servir à son histoire.*

Il y est dit à propos de *Louis-René-Edouard de Rohan, cardinal-évêque de Strasbourg,* etc., « qu'il n'est personne qui puisse se flatter de connaître l'affaire qui a été cause de sa détention, et qui a pendant longtems excité la curiosité de l'Europe entière : l'on n'a encore que des renseignemens vagues, que des romans, malgré tout ce qu'on a imprimé dans le tems. La postérité ne nous en apprendra pas davantage ; il y a eu par cet événement trop de personnes compromises, trop d'intérêts divisés, pour qu'on puisse se flatter d'avoir jamais la clef de cette intrigue.

« Le prince Louis est accusé, il demande des juges, on lui en accorde ; son procès est instruit, il est jugé, il est renvoyé absous, et après un pareil jugement, le despotisme le poursuit encore. Après un séjour de dix mois à la Bastille, où sa santé s'étoit altérée, où il avoit éprouvé des privations dans tous les genres, il est obligé de se rendre de l'ordre du roi dans les montagnes les plus affreuses de l'Auvergne, à la Chaise-Dieu ; ce n'est qu'après bien des

sollicitations qu'on lui a enfin accordé la permission de
changer ce lieu d'exil dans celui de l'abbaye de Marmoutiers, près de Tours, d'où il ne pouvoit jamais découcher.
De Marmoutiers, il a la permission de se rendre dans son
diocèse ; les états-généraux sont convoqués, le clergé de
son bailliage le nomme son député, l'Assemblée nationale
le désire, mais la Révolution commencée n'étoit pas encore
arrivée à ce point de maturité où il falloit qu'elle arrivât
pour abattre le bras invisible qui le repoussoit et qui lui
interdisoit l'exercice public de tous ses droits. Les obstacles
sont enfin levés, et c'est alors qu'il a partagé avec toute la
France l'exercice d'une liberté dont il n'auroit jamais dû
être privé ; il vient de paroître au milieu et aux acclamations de l'Assemblée nationale, à deux pas de ce château
de Versailles, de cette Cour, séjour heureux de ses impla-
cables ennemis ; mais qui, déchus à leur tour, fuyent d'un
lieu dans un autre, sans en avoir encore pu trouver un où
leurs vexations soient ignorées et ils ne lisent pas sur tous
les visages, dans tous les yeux, l'horreur et l'indignation
qu'ils doivent nécessairement inspirer à ceux qui sentent
l'étendue des priviléges des citoyens et des droits de l'hu-
manité.

« Au moment où nous étions occupés de faire des
recherches pour nous procurer le plus de pièces relatives
à cette affaire, nous avons appris et nous avons même vu
l'ordre[1] que M. de Breteuil avoit fait redemander toutes
les diverses pièces de cette procédure ; il n'en à fait laisser

---

[1] Cet ordre du roi est contresigné Breteuil et daté de Saint-Cloud, le
5 Septembre 1785.

qu'un très petit nombre qui nous ont été communiquées. Ce sont des lettres de ce même ministre et de M. Le Noir pour presser les interrogatoires, pour en demander copie sur-le-champ. Les plans de ces interrogatoires étoient fournis par eux. Il a été également laissé les interrogatoires du sieur Toussaint de Beausire, de la demoiselle d'Oliva, des lettres de M^me de la Motte, du comte de Cagliostro, que nous citerons au besoin.

« Le traitement de M. le cardinal à la Bastille varioit et suivoit l'opinion que le public avoit de son affaire. Prenoit-elle une couleur favorable? Le gouverneur bas et rampant étoit aux petits soins; paraissoit-elle devenir plus mauvaise? Le sieur de Launey prenoit alors le ton insolent, et sa conduite étoit à ce sujet le meilleur des thermomètres. Une sentinelle fut placée à la porte de son appartement; le ministre recommanda qu'on le surveillât avec attention; de Launey qui n'osoit pas agir ouvertement, dit qu'il feroit tout pour le mieux. En conséquence, pour concilier ce qu'il devoit aux ordres suprêmes et à M. le cardinal, qu'il cherchoit cependant à ménager, il fait faire une porte très épaisse, recouverte de fer avec des serrures à l'avenant, il fait recouvrir de toile, matelasser cette porte comme une porte battante, et on l'en remercia lorsqu'il la fit placer, parce que l'on crut alors que c'étoit une attention de sa part pour garantir M. le cardinal des rigueurs de la saison. Ce ne fut que quelque tems après que ses valets de chambre, et c'est d'eux que nous le tenons, s'aperçurent de ce stratagème.

« Nous avons dit dans notre précédent numéro que le

gouverneur, à la sollicitation de M. le cardinal, avoit suspendu l'exercice d'une cloche qui l'incommodoit ; mais il
nous est parvenu depuis que M. de Breteuil lui en avoit
fait des reproches et avoit ordonné qu'on le continuât, en
ajoutant qu'à la Bastille tous les prisonniers devoient être
égaux, et qu'il ne falloit pas avoir, même pour un cardinal,
des déférences contraires aux réglemens. Ce ministre a eu
à la Bastille deux entretiens avec sa victime, qui, malgré
ses infortunes, le traita avec cette noble fierté qui n'aban-
donne jamais une âme élevée, et avec un dédain fait pour
tous les êtres vils et méprisables de l'espèce du baron de
Breteuil.

« M. le cardinal a été longtems à la Bastille sans pouvoir sortir de son appartement avant 7 heures du soir,
parce que les ouvriers qui construisoient alors la chapelle
neuve ne sortoient qu'à cette heure et parce que, quoique
tout Paris sût qu'il y étoit, il étoit du réglement qu'il ne
devoit pas y être vu. Lorsque quelqu'un passoit dans la
cour, il étoit sujet comme un autre à se réfugier dans le
cabinet ; cependant, quand il se promenoit, l'on avoit
l'attention de ne laisser entrer que les personnes qu'on ne
pouvoit pas indispensablement refuser ; il a eu dans la
suite la promenade des tours et celle du bastion.

« Les entrevues avec le joaillier Bœhmer se sont
passées dans la maison du gouverneur même. L'on a
remarqué que M. le cardinal s'y rendoit coiffé, habillé et
décoré comme quand il alloit chez le roi.

« M. de Rohan est fait à tous égards pour présider
l'Assemblée nationale, et nous osons assurer qu'il sera

unanimement appelé à cette fonction honorable. Quand nous réfléchissons que dans le cours de sa présidence il sera peut-être chargé de présenter au roi, dans ces mêmes appartemens où, au scandale de tout le monde, revêtu de ses ornemens pontificaux, il a été arrêté et livré à la cabale de ses ennemis, les adresses des représentans de la nation ; quand nous pensons que M. le cardinal de Rohan, victime en 1785 d'une cabale ministérielle, peut en 1789 être chargé de présenter au roi, pour qu'il la fasse publier, une dénonciation, une flétrissure, un décret de l'Assemblée nationale qui livre à l'exécration présente, à l'exécration future, à l'exécration de tous les siècles, les attentats commis sur sa personne par des monstres que l'enfer vomit de tems à autre dans sa colère pour le tourment du genre humain : quelle vicissitude ! .... »

Revenons à la fameuse cloche.

Les sentinelles de la cour, selon un imprimé trouvé à la Bastille et intitulé *Consigne,* sonnaient l'heure à chaque quart d'heure de la nuit, sur une cloche destinée à cet usage, et trois coups seulement à chaque heure du jour. Ainsi, jusqu'à ce qu'un prisonnier fût habitué à ce bruit sinistre, il était éveillé trente fois dans la nuit par les tristes sons que l'on prenait pour l'empêcher de reprendre sa liberté ; M^me de Staël s'en plaint dans ses Mémoires. Pendant le séjour de M. le cardinal de Rohan à la Bastille, on eut la déférence d'interrompre l'exercice de cette cloche qui l'incommodait.

« La célébrité du jugement, dit l'abbé Georgel, où l'honneur de la reine était intéressé, où le roi, accusateur,

avait traduit son grand-aumônier, prince, évêque, souverain et cardinal, comme prévenu du crime de lèse-majesté,
avoit considérablement multiplié le nombre des juges.
Tous les conseillers honoraires et les maîtres des requêtes
qui se trouvoient en droit de siéger à la Grande Chambre,
s'y rendirent. Les séances furent longues et multipliées.
Il fallut y lire toute la procédure ; puis le rapport étant
fini, il fallut, selon l'usage, entendre à la barre les prisonniers décrétés de prise de corps. On fit paroître successivement la demoiselle d'Oliva, le comte de Cagliostro, Vilette
et la dame de la Motte ; le cardinal fut réservé pour le
dernier. M^{lle} d'Oliva avoua avec ingénuité la faiblesse
qu'elle avoit eue de céder aux instances de M^{me} de la Motte
pour la scène du bosquet, croyant comme on le lui disoit,
que c'étoit pour amuser la reine. Cagliostro soutint qu'il
étoit étranger à tout. Vilette reconnut que la signature
*Marie-Antoinette de France* étoit de sa main.

« M^{me} de la Motte parut devant ses juges avec une
hardiesse et une effronterie qui les révoltèrent. Elle ne fit
aucun aveu et nia les faits les plus avérés. Le cardinal,
réunissant toutes les forces de son esprit à l'énergie de son
âme pour une séance si décisive, se présenta dans l'attitude
d'un homme profondément affecté, mais calme au milieu
de ses peines : sa contenance faisoit voir un mélange inté-
ressant de respect, de modestie et de dignité. Il se tenoit
debout à la barre ; la pâleur de son visage annonçoit les
suites de la maladie qui avoit inquiété pour ses jours. Le
premier président l'invita à s'asseoir ; il n'obéit qu'à la
troisième invitation. « — J'ai été complétement aveuglé,

« s'écria-t-il, par le désir immense que j'avois de regagner
« les bonnes grâces de la reine. »

« Malgré cette scène touchante, le procureur général
conclut contre le cardinal à la flétrissure. Les deux rappor-
teurs qui opinèrent les premiers, adoptèrent ses conclusions
en entier. Quatorze conseillers suivirent. Le président
d'Ormesson proposa de ne point dépouiller le cardinal de
ses dignités, mais de l'obliger à demander pardon à la
reine ; huit conseillers se rangèrent de cet avis. Le conseiller Fréteau, et après lui Robert de Saint-Vincent, opinèrent avec énergie pour l'absolution du cardinal ; ils
entraînèrent la majorité du Parlement.

« Enfin le 31 Mai 1786, à 9 heures du soir, après une
dernière séance de dix-huit heures, intervint l'arrêt solennel
qui déchargeoit le cardinal de l'accusation intentée contre
lui ; condamnoit la dame de la Motte à avoir les deux épaules
marquées par un fer rouge de la lettre V (voleuse), à être
rasée par la main du bourreau et à rester ensuite renfermée
pour le reste de ses jours à la Salpétrière. Vilette fut banni
à perpétuité, Cagliostro renvoyé du royaume, M^lle Oliva
mise hors de cour.

« Quand on lut à la dame de la Motte son arrêt, elle
entra dans un accès de rage qui, sans doute, la fit extra-
vaguer. Elle se déchaîna contre la reine et le baron de
Breteuil ; elle prononça leurs noms avec des imputations
atroces et des imprécations qui obligèrent le juge qui pré-
sidoit à l'exécution, de lui faire mettre un baillon dans la
bouche. L'exécution finie, elle fut conduite à la Salpétrière, où, rasée et en habit de pénitente, elle fut enfermée.

dans une casemate isolée, sans communication qu'avec les personnes chargées de la nourrir et de réprimer, par des châtimens souvent répétés, le flux désordonné de sa langue envenimée. » [1]

« Aussitôt que j'eus connaissance du jugement du cardinal, dit M^me Campan, je me transportai chez la reine. Elle entendit ma voix dans la pièce qui précédait son cabinet. Elle m'appela ; je la trouvai fort émue. Elle me dit avec une voix entrecoupée : « — Faites-moi votre com-« pliment de condoléance ; l'intrigant qui a voulu me « perdre ou se procurer de l'argent en abusant de mon « nom et de ma signature, vient d'être complétement « acquitté. Mais, ajouta-t-elle avec force, comme Fran-« çaise, recevez aussi mon compliment de condoléance. « Un peuple est bien malheureux d'avoir pour tribunal « suprème un ramas de gens qui ne consultent que leurs « passions. » A ce moment, le roi entra, je voulus me retirer : « — Restez, me dit-il, vous êtes du nombre de « celles qui partagent sincèrement la douleur de votre « maîtresse. » Il s'approcha de la reine et la prit par la main : « — Cette affaire vient d'être outrageusement jugée, « ajouta-t-il ; elle s'explique cependant aisément. Le Parle-« ment n'a vu dans le cardinal qu'un prince de l'Eglise, « un prince de Rohan, le proche parent d'un prince du « sang, et il eut dû voir en lui un homme indigne de son « caractère ecclésiastique, un dissipateur, un grand seigneur « dégradé par ses indignes liaisons, un enfant de famille « aux ressources et faisant de la terre le fossé. »

[1] L'abbé GEORGEL, vicaire-général du cardinal de Rohan. *Mémoires.*

« M. Pierre de Laurencel, substitut du procureur général, fit parvenir à la reine une liste des noms des membres de la Grande Chambre, avec les moyens dont s'étaient servis les amis du cardinal pour gagner leurs voix pendant la durée du procès. Je me rappelle (c'est Mᵐᵉ Campau qui écrit) que les femmes y jouaient un rôle affligeant pour leurs mœurs. C'était par elles, et à raison de sommes considérables qu'elles avaient reçues, que les plus vieilles et les plus respectables têtes avaient été séduites. Je ne vis pas un seul nom du Parlement directement gagné. » [1]

Nous donnerons ici la liste des personnes qui, en même temps et pour le même fait que le cardinal, se trouvaient à la Bastille.

D'abord, ses trois domestiques.

BRANDNER, SCHREIBER et LIÉGEOIS, valets de chambre de Son Excellence. — C'est toujours *La Bastille dévoilée* qui nous servira de guide.

Le premier des trois fut ensuite au service du prince de Luxembourg ; le second à celui du prince de Montbazon, et Liégeois est toujours resté à celui du prince Louis de Rohan. Les deux premiers sont entrés avec lui à la Bastille ; ils logeaient auprès de lui et étaient renfermés par la même porte, les mêmes verroux et les mêmes serrures. Liégeois logeait au-dessus, il n'est entré que quelques jours après ; il en avait demandé la permission au

---

[1] Mᵐᵉ CAMPAN. *Mémoires.*

baron de Breteuil, lorsqu'on vint apposer les scellés chez son maître.

Ces trois domestiques ont été fouillés, visités de la tête aux pieds lors de leur entrée. On les a prévenus que, suivant un article du réglement de la Bastille, ils ne pourraient sortir qu'avec leur maître. On les gardait à vue comme des prisonniers, ils n'avaient comme eux qu'une certaine heure pour se promener ; ce ne fut qu'après un laps de temps assez considérable qu'il leur fut permis de recevoir des visites du dehors.

Claude Cerval, dit l'*Italien,* né à Parvis près Clermont en Argonne, diocèse de Verdun, domestique sans condition, logé rue des Poulies, hôtel de Beaujolais ; arrêté comme suspect de négocier des bons de finances et même des bons de colonel en second, qu'il disait tenir de M. le cardinal. Compromis en même temps dans l'affaire du collier.

Jeanne de Saint-Remy de Valois, épouse de Marie-Antoine-Nicolas, comte de la Motte, née à Fontette, le 22 Juillet 1756, demeurant à Paris, rue Neuve-Saint-Gilles. Tout le monde connaît les aventures de cette femme trop célèbre, tout le monde a lu ses mémoires et les pamphlets calomnieux qui, clandestinement répandus par elle, avaient alors le mérite d'exciter la curiosité, mais qui sont tombés dans l'oubli depuis qu'ils sont devenus publics. Elle fut arrêtée le 18 Août à Bar-sur-Aube. Son mari, chargé dans les divers interrogatoires, a été condamné par contumace.

L'on nous a assuré qu'il était actuellement à Paris et qu'il y était revenu avec le projet de faire réviser son procès.

Nous n'avons, pour juger M^me de la Motte, d'autres pièces que celles que tout le monde connaît, grâce à l'heureuse prévoyance de M. de Breteuil, qui a fait enlever toutes les lumières qu'aurait certainement procurées la prise de la Bastille.

Cependant, pour mettre nos lecteurs à portée de juger des talents de cette dame, nous allons leur donner une copie exacte et même figurée d'une de ses lettres à M. de Crosne, dont l'original, qui est entre nos mains, se trouve dans le nombre des pièces que M. de Breteuil n'a pas jugé à propos de faire enlever :

« Je suis desesperai Monsieur de vous tourmenter ausi souvent pour moi mais je mi trouve forcee manqu'ent absolument du necesaire comme j'ai dé'jà eut l'honneur de vous lemander par deut foit differente que je soufres beaucout de froit etent toute nüé, je vous prie Monsieur davoir la bonté de vouloir donner des nouveaust ordres pour que jay tout ce dont jai de besoint, je vous en saurai le plus grand grée

« Et suis avec une parfaite estime, Monsieur,

« Votre très-humble servante (signé) :

« C. S. S. de Valois de la Motte
de la Penicière.

« A Paris, ce 13 Octobre 1785. »

Le baron DE PLANTA, ancien capitaine au régiment de Diesback, actuellement en Suisse, son pays. Il avait connu le prince Louis à Vienne, où il vint après avoir été attaché quelque temps au service de la Prusse. Depuis cette époque il avait fort peu quitté M. le cardinal ; aussi avait-il été chargé de plusieurs dépêches pour M^{me} de la Motte ; aussi s'est-il trouvé à Versailles à la scène des jardins ; aussi a-t-il été compromis dans l'affaire du collier et mis à la Bastille.

JEAN-BAPTISTE DE LA PORTE, rue de Verneuil, faubourg Saint-Germain, avocat, gendre du sieur Achet. Ce furent eux qui, les premiers, firent faire aux joailliers Bœhmer et Bassange la connaissance fatale des sieur et dame de la Motte. De la Porte avait travaillé pour elle ; c'est lui qui a fait les recherches sur la maison de Valois, que la dame de la Motte a fait insérer à la fin du sommaire publié pour sa défense.

NICOLAS-FRANÇOIS-PIERRE GRENIER, né en Picardie, demeurant rue Grenétat. C'est un simple bijoutier, qu'on a fait arrêter pour avoir des éclaircissements. On croyait que la dame de la Motte lui avait vendu des diamants ou du moins qu'il avait été employé à les dénaturer.

LOUIS-JOSEPH-ARNAUD DU CLUSEL, né à Bordeaux, secrétaire du cabinet de Madame et premier commis de la marine, demeurant Chaussée d'Antin, n° 90. Arrêté comme suspect de négocier des bons de finances dont il est question dans les mémoires relatifs à l'affaire du collier.

ALEXANDRE DE CAGLIOSTRO, demeurant à Paris, rue Saint-Claude. Nous ne parlerons ici ni de l'âge, ni du lieu de naissance de ce célèbre aventurier. Qu'est-ce qui n'a pas lu ses Mémoires romanesques? Il était chargé dans l'affaire du collier. L'arrêt du Parlement du 31 Mai 1786 l'a renvoyé absous.

Ci-joint quelques extraits d'une lettre de cet *illuminé,* qu'il écrivait de Londres, au mois de Juin 1786. On y verra qu'il avait quelquefois le talent de deviner. Nous ignorons comment cette lettre du comte de Cagliostro, écrite de Londres à un de ses amis, se trouve jointe au dossier de l'affaire du collier.

« ....... Les rois sont bien à plaindre d'avoir de tels ministres, j'entends parler du baron de Breteuil, mon per-sécuteur..... Mon courage l'a, dit-on, irrité; il ne peut digérer qu'un homme dans les fers, qu'un étranger sous les verroux de la Bastille, sous sa puissance à lui, digne ministre de cette horrible prison, ait élevé la voix, comme je l'ai fait, pour le faire connoître, lui, ses principes, ses agens, ses créatures, aux tribunaux françois, à la nation, au roi, et à toute l'Europe. J'avoue que ma conduite a pu l'étonner, mais enfin j'ai pris le ton qui m'appartenoit. Je suis persuadé que cet homme à la Bastille ne prendroit pas le même; au reste, mon ami, tirez-moi d'un doute. Le roi m'a chassé de son royaume ; mais il ne m'a pas entendu ; est-ce ainsi que s'expédient en France toutes les lettres de cachet? Si cela est, je plains vos concitoyens, surtout aussi longtems que le baron de Breteuil aura ce département. Quoi ! mon ami, vos personnes, vos biens

sont à la merci de cet homme tout seul? Il peut impuné-
ment tromper le roi! il peut, sur ses exposés calomnieux
et jamais contredits, surprendre, expédier et faire exécuter,
par des hommes qui lui ressemblent, ou se donner l'affreux
plaisir d'exécuter lui-même des ordres rigoureux, qui
plongent l'innocent dans un cachot et livrent sa maison au
pillage. J'ose dire que cet abus déplorable mérite toute
l'attention du roi. — Me tromperois-je, et le sens commun
des François, que j'aime tant, est-il autre que celui des
autres hommes? Oublions ma propre cause, parlons en
général. Quand le roi signe une lettre d'exil et d'empri-
sonnement, il a jugé le malheureux sur qui va tomber sa
rigueur toute puissante; mais sur quoi a-t-il jugé? sur le
rapport de son ministre; sur quoi s'est-il fondé? sur des
plaintes inconnues, sur des informations ténébreuses, qui
ne sont jamais communiquées, quelquefois même sur de
simples rumeurs, sur des bruits calomnieux, semés par la
haine et recueillis par l'envie. La victime est frappée sans
savoir d'où le coup part, heureux si le ministre qui l'im-
mole n'est pas son ennemi! J'ose le demander, sont-ce là
les caractères d'un jugement? Et si vos lettres de cachet
ne sont pas au moins des jugements privés, que sont-elles
donc? Je crois que ces réflexions présentées au roi le touche-
roient. Que seroit-ce s'il entroit dans le détail des maux
que sa rigueur occasionne? Toutes les prisons d'Etat res-
semblent-elles à la Bastille? Vous n'avez pas d'idée des
horreurs de celle-ci. La cynique impudence, l'odieux mensonge, la fausse pitié, l'ironie amère, la cruauté sans frein,
l'injustice et la mort y tiennent leur empire, un silence bar-

bare est le moindre des crimes qui s'y commettent. J'étois pendant six mois à quinze pieds de ma femme, et je l'ignorois. D'autres y sont ensevelis depuis trente ans, réputés morts, malheureux de ne l'être pas, n'ayant, comme les damnés de Milton, du jour dans leur abyme que ce qu'il leur en faut, pour apercevoir l'impénétrable épaisseur des ténèbres qui les environnent et les enveloppent; ils seroient seuls dans l'Univers, si l'Éternel n'existoit pas, ce Dieu bon et vraiment puissant qui leur fera justice un jour, au défaut des hommes. Oui, mon ami, je l'ai dit captif, et, libre, je le répète, il n'est point de crime qui ne soit expié par six mois de Bastille. On prétend qu'il n'y manque ni de questionnaires ni de bourreaux. Je n'ai pas de peine à le croire. Quelqu'un me demandoit si je retournerois en France dans le cas où les défenses qui m'en étoient faites seroient levées; assurément, ai-je répondu, pourvu que la Bastille soit devenue une promenade publique. Dieu le veuille! Vous avez tout ce qu'il faut pour être heureux, vous autres François, sol fécond, doux climat, bon cœur, gaieté charmante, du génie et des grâces propres à tout, sans égaux dans l'art de plaire, sans maîtres dans les autres, il ne vous manque, mes bons amis, qu'un petit point, c'est d'être sûrs de coucher dans vos lits quand vous êtes irréprochables : mais l'honneur! mais les familles! les lettres de cachet sont un mal nécessaire..... Que vous êtes simples! on vous berce avec ces cartes; des gens instruits m'ont assuré que la réclamation d'une famille étoit souvent moins efficace pour obtenir un ordre, que la haine d'un commis ou le crédit d'une femme infidèle. L'honneur! les familles!

quoi, vous pensez qu'une famille est déshonorée par le
supplice d'un de ses membres? Quelle pitié! Mes nouveaux
hôtes pensent un peu différemment; changez d'opinion
enfin et méritez la liberté par la raison.

« Il est digne de vos parlemens de travailler à cette
heureuse révolution; elle n'est difficile que pour les âmes
faibles; qu'elle soit bien préparée, voilà tout le secret :
qu'ils ne brusquent rien. Ils ont pour eux l'intérêt bien
entendu des peuples, du roi, de sa maison, qu'ils ayent
aussi le tems, premier ministre de la vérité, le tems par
qui s'étendent et s'affermissent les racines du bien comme
du mal; du courage, de la patience, la force du lion, la
prudence de l'éléphant, la simplicité de la colombe, et cette
révolution si nécessaire sera pacifique, condition sans
laquelle il ne faut pas y penser; vous devrez à vos magistrats un bonheur dont n'a joui aucun peuple; comme celui
de recouvrer votre liberté sans coup férir, en la tenant de
la main de vos rois.

« Oui, mon ami, je vous l'annonce; il régnera sur
vous un prince qui mettra sa gloire à l'abolition des lettres
de cachet, à la convocation des Etats-généraux et surtout
au rétablissement de la vraie religion. Il sentira, ce prince
aimé du ciel, que l'abus du pouvoir est destructif à la
longue du pouvoir même; il ne se contentera pas d'être
le premier de ses ministres, il voudra devenir le premier
des François. Heureux le roi qui portera cet édit mémorable! heureux le chancelier qui le signera! heureux le
parlement qui le vérifiera! Que dis-je, mon ami, les tems
sont peut-être arrivés, il est certain du moins que votre

souverain est propre à cette grande œuvre. Je sais qu'il y travailleroit s'il n'écoutoit que son cœur : sa rigueur à mon égard ne m'aveugle pas sur ses vertus.

« Adieu, mon ami....., demandez à Déprémesnil, s'il m'avoit donc oublié, je n'ai point de ses nouvelles.....

« De Londres, le 20 Juin 1786. »

SERAPHINA FELICHIANI, née à Rome, épouse du sieur comte de Cagliostro, arrêtée pour ses relations avec M. le cardinal et comme pouvant être instruite des faits qu'on cherchait à découvrir.

« Nous remarquons dans divers interrogatoires que nous avons sous les yeux, que les ministres qui en fournissaient le canevas, désiraient beaucoup savoir si elle avait des enfants, surtout si elle avait une fille. »

La dame DE LANCOTTE DE LA TOUR, sœur du sieur de la Motte, arrêtée comme la précédente sur de simples soupçons. C'est la fille de cette dame qui était la jeune personne innocente dont Cagliostro se servait pour ses scènes mystérieuses. Cette jeune personne était âgée de 12 ou 13 ans. Elle avait d'abord été en pension à l'abbaye d'Yères, près de Gros-Bois, et ensuite au couvent de Saint-Joseph, à Paris.

La demoiselle LAINÉ BRIFFAULT, dite *Rosalie,* femme de chambre de la dame de la Motte, arrêtée comme suspecte d'intelligence avec sa maîtresse.

Marie-Nicole Le Guay, dite d'*Oliva* ou *Dessigny,* née à Paris, paroisse Saint-Laurent, le 1er Septembre 1761, mise hors de cour, attendu que, quoique innocente au fond, il a été regardé comme juste qu'il lui fût imprimé cette tache pour le crime purement matériel qu'elle avait commis. Elle fut arrêtée à Bruxelles.

C'est cette malheureuse fille qui, entraînée dans le crime par le besoin et les mauvais exemples, fut choisie par le sieur de la Motte pour jouer le rôle principal dans la scène des jardins de Versailles.

Elle est entrée grosse à la Bastille; elle y est accouchée d'un garçon, par les soins du chirurgien du château, de la dame Chopin, sage-femme, et du nommé Guyon, porte-clefs. L'enfant fut baptisé à Saint-Paul, sous le nom de Toussaint de Beausire, mais non pas sans difficulté, parce qu'on voulait avoir du sieur Toussaint de Beausire une déclaration signée de lui, par laquelle il se reconnaissait le père de l'enfant.

La mère le nourrit elle-même à la Bastille; il fut transféré avec elle à la Conciergerie. En 1789, l'enfant vivait, mais la mère mourut à Fontenay, près Paris, dans une extrême misère. Elle avait épousé son amant et s'en était séparée. Réfugiée dans un couvent, on lui conseilla de prendre l'air de la campagne; elle fut à Fontenay et y est morte.

On n'a jamais vu tant d'honnêteté et de dissolution réunies dans la même personne. Jamais on a vu plus de franchise, plus de candeur que Mlle d'Oliva en a fait paraître dans son interrogatoire. C'est une justice que lui rendirent ses juges, ses avocats et tous ceux qui ont eu avec elle des relations. Elle a plus contribué à la justification de M. le cardinal que son innocence même. D'elle a dépendu le sort du grand-aumônier.... et ce qui est triste à dire, c'est que la famille de Rohan ne lui en a jamais témoigné la moindre reconnaissance.

JEAN-BAPTISTE TOUSSAINT DE BEAUSIRE, âgé de 24 ans, né à Paris, paroisse Saint-Cosme, amant et puis époux de la demoiselle d'Oliva, fut arrêté, comme elle, à Bruxelles, à cause de ses relations avec ladite d'Oliva.

MARC-ANTOINE RETAUX DE VILETTE, ancien gendarme, né à Lyon, au mois de Février 1754. Son père était directeur-général des octrois de cette ville. Il fut arrêté à Genève par Quidor, inspecteur de police, qui le conduisit à la Bastille. C'est ce sieur Retaux de Vilette qui, séduit par les promesses perfides de la dame de la Motte, écrivit le serment approuvé et la fausse signature de la reine. C'est également lui qui avait écrit de sa main, sous la dictée de Mᵐᵉ de la Motte, toutes les lettres dont elle s'était servie pour subjuguer l'esprit de M. le cardinal.

Le sieur de Vilette a été condamné à un bannissement perpétuel, sans fouet ni marque, attendu qu'il a été regardé comme l'instrument passif et aveugle des sieur et dame de la Motte.

Il existe, à la date de 1786, un Recueil curieux de pièces relatives à l'affaire du collier :

*Sommaire pour la comtesse de Valois-Lamotte, accusée ; contre M. le Procureur général, accusateur ; en présence de M. le cardinal de Rohan et autres co-accusés.* 64 pages.

*Mémoire pour le comte de Cagliostro, accusé ; contre M. le Procureur général, accusateur ; en présence de M. le cardinal de Rohan, de la comtesse de la Motte et autres co-accusés.* 63 pages. Avec une

*Requête à joindre au Mémoire du comte de Cagliostro à Nosseigneurs du Parlement, la Grande-Chambre assemblée.* 13 pages.

*Mémoire pour le sieur de Bette d'Etienville, servant de réponse à celui de M. de Fages.* 38 pages.

*Recueil de pièces authentiques et intéressantes pour servir d'éclaircissement à l'affaire concernant le cardinal prince de Rohan.* 70 pages.

Dans ce dernier Mémoire se trouve une *Lettre contenant la déposition de la demoiselle d'Oliva,* où nous lisons :

On a trouvé dans le *Recueil de la Calotte,* ouvrage en trois volumes de Gallet, fameux chansonnier, l'amphigouri suivant fait du temps du cardinal Dubois, et l'on n'a pas manqué de le ressusciter :

> Dans le jardin du Sérail
> Un cardinal en camail
> Feignoit de jouer au mail :
>     Mais en détail
>     Tout son travail
> Etoit de voir le bétail
> Qu'on enferme en ce bercail.

Un eunuque noir,
Près d'un réservoir,
Lui fit voir,
Vers le soir,
Dans un miroir
La tête d'un âne
Qu'il prit pour la sultane.

Pendant que le cardinal de Rohan était à la Bastille, attendant son jugement, il fut indisposé : il demanda un médecin ; on lui dépêcha Portal, qui le guérit.

A ce propos, on fit cet *Alleluia :*

L'intrigant médecin Portal
Nous a rendu le cardinal ;
Il l'a bourré de quinquina
Alleluia !

Oliva dit qu'il est dindon,
La Motte dit qu'il est fripon,
Lui se confesse, un vrai bêta
Alleluia !

Notre Saint-Père l'a rougi,
Le roi, la reine l'ont noirci ;
Le Parlement le blanchira
Alleluia !

A la Cour il est impuissant,
A la ville il est indécent
A Saverne il végétera
Alleluia !

Il est dit, à propos de la maladie du cardinal, dans la *Lettre contenant la déposition de la demoiselle d'Oliva,* datée de Paris, le 29 Décembre 1785 : « Des accès violents de la colique néphrétique, à laquelle il est sujet, et une tumeur qui s'est déclarée à leur suite, prouvent combien il a été sensible à la tournure que prend son affaire ; mais il montre d'ailleurs un abattement et un découragement qui affligent ses partisans. »

Voici d'autres couplets un peu postérieurs aux précédents : car on en ajoutait toujours de nouveaux. La verve des critiques versificateurs ou rimailleurs ne tarissait pas à l'endroit du cardinal :

> Nous voici dans le temps pascal,
> Que dites-vous du cardinal ?
> Apprenez-nous s'il chantera
>     Alleluia ! ....
>
> Que Cagliostro ne soit rien,
> Qu'il soit Maltois, juif ou chrétien,
> A l'affaire que fait cela ?
>     Alleluia !
>
> A Versailles comme à Paris,
> Tous les grands et tous les petits
> Voudroient élargir Oliva,
>     Alleluia !
>
> De Valois (Mme de la Motte) l'histoire insensée
> Par un roman fut commencée,
> Un collier le terminera
>     Alleluia ! ....
>
> Voici l'histoire du procès
> Qui met tout Paris en accès ;
> Nous dirons quand il finira
>     Alleluia !

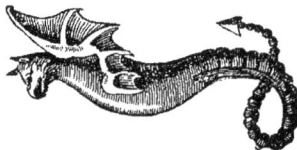

# RELATION EXACTE

*de la Réjouissance publique que la ville de Mutzig a faite au retour de Son Altesse Sérénissime et Eminentissime Monseigneur le cardinal de Rohan*

Après l'acquittement du cardinal, la ville de Mutzig, « désirant, à l'envi de celle de Saverne, de donner à son prince des preuves de respect, de fidélité et de tendresse, témoigna ces sentiments, dont elle fut sincèrement pénétrée, par l'allégresse et la réjouissance, qu'elle fit éclater le 11 Février, où elle eut le bonheur de revoir Son Altesse Sérénissime et Eminentissime.

« Le même jour, à 3 heures après midi, le greffier de la ville, à la tête d'un détachement de dragons, en bel uniforme, superbement équipé, composé de l'élite des bourgeois, porta sa troupe sur la route de Dorlisheim, en double haie et le sabre à la main. Deux dragons furent mis en vedette sur la hauteur de la route d'Obernée, avec la consigne de rejoindre ventre à terre leur corps dès qu'ils appercevroient de loin la voiture du prince. A 4 heures arriva Son Altesse. Aussitôt, le chef du détachement s'avança au-devant d'Elle; le prince fit arrêter, daigna entendre avec bonté le compliment qu'il eut l'honneur de lui faire au nom de la ville. Dès qu'il eut achevé, Son

Altesse lui ordonna de prendre l'avance avec son détachement et d'aller au pas.

« Escortée ainsi, Elle passa par Dorlisheim, au milieu
des cris de joie, poussés par une foule innombrable de
peuple, accourue de plusieurs lieues d'alentour. Près du
grand pont, environ à deux cents pas de la ville, les juifs,
en habits noirs, se rangèrent en haie, ayant leur rabbin à
leur tête. Le bon prince ne put pas s'empêcher de leur
témoigner la satisfaction qu'ils lui donnoient par les démon-
strations de la joie la plus vive et la plus sincère. Aux portes
de la ville, il fut reçu avec croix et bannières, par un nombreux clergé composé des curés, définiteurs, l'archiprêtre
du chapitre rural de Biblenheim, des curés de la vallée de
Schirmeck et des environs, des RR. PP. récolets de Hermolsheim. Après avoir été harangué par l'archiprêtre, il
traversa la ville fort lentement, au milieu de mille souhaits
d'un peuple pénétré de joie et versant des larmes de tendresse. Tous les bourgeois de la ville, et un grand nombre
du bailliage de Schirmeck furent sous les armes et portés
en double haie depuis l'entrée de la ville jusqu'au château,
dont le pont étoit bordé d'un détachement d'infanterie composé de jeunes gens de Moutzig, qui reçurent le prince au
son du tambour et en présentant les armes.

« Arrivé au château au son des timbales et trompettes
et au bruit redoublé des boîtes et de la mousqueterie, il
fut complimenté par le chef du Magistrat et du bailliage de
Schirmeck.

« Le mauvais temps, seul contraire à la joie universelle
qui régnoit en cette ville, désola les habitans. L'illumina-

tion, par laquelle non-seulement les officiers du prince et les meilleurs bourgeois, mais les pauvres même cherchèrent à se distinguer, ne fut pas aussi brillante qu'elle avoit été projetée. Elle fut accompagnée d'un grand nombre d'emblèmes très bien imaginés.

« Malgré le temps orageux, le prince, pour faire plaisir à ses sujets, prit la peine de faire à pied le tour de la ville, toujours escorté par le détachement de dragons, précédé du chef et de son lieutenant. Il s'arrêta souvent, observant tout d'un coup d'œil ; il dit enfin : « Je vois ce que cela signifie. » N'étoit-ce point dire votre volonté me suffit ? Avant de finir sa tournée, il ne dédaigna pas d'entrer dans la synagogue, magnifiquement illuminée. Cette illumination, n'étant pas contrariée par le mauvais temps, attira toute l'attention du prince : pendant la demi-heure qu'il y resta, on chantoit en action de grâce un cantique hébraïque composé pour Son Altesse, qui lui fut si agréable, qu'Elle témoigna une seconde fois toute sa satisfaction aux habitans israélites de Moutzig. De là, le prince, retournant au château, passa sous un arc de triomphe, orné d'emblèmes et illuminé, de même que toute la façade du château.

« Le lendemain, à 10 heures du matin, le recteur de la paroisse, précédé du chapitre de Biblenheim, des prêtres et curés des environs et des RR. PP. récollets de Hermolsheim, sortirent de l'église paroissiale avec dais, croix et bannières, pour se rendre au château. Son Altesse prêta une grande attention à la harangue que lui fit le recteur de la paroisse. Ensuite, précédée du clergé, escortée du détachement de dragons à pied, marchant à pas lens sous

le dais, Elle se rendit à l'église de la paroisse pour assister
à la messe, dite par le recteur de la ville. Arrivée à l'église,
le prince se prosterna devant l'autel. Sa dévotion, son
recueillement, arrachèrent des larmes au peuple qui rem-
plissoit l'église. Après la communion du prêtre, le prince
entonna lui-même le *Te Deum,* chanta l'oraison en action
de grâce ; et après avoir donné sa bénédiction, s'en retourna
au château, où tout le clergé, qui y soupa la veille, fut
encore invité au dîné.

« Son Altesse ayant fixé le même jour son départ pour
Saverne au lendemain à 10 heures, le détachement de dragons se porta à l'heure marquée en double haie à l'entrée
du château, d'où il escorta le prince jusqu'à Sultz.

« Le dimanche suivant, l'on distribua, par ordre du
prince, dans la maison du receveur du bailliage, du pain,
du vin et de la viande, non seulement aux pauvres de la
ville et des environs, mais à qui en vouloit.

« Le même jour, pour compléter cette fête, les meilleurs
bourgeois et habitans de la ville, au nombre de soixante-
douze, le corps de dragons en uniforme, soupèrent ensemble
à l'hôtel de ville ; il y eut un bal qui dura jusqu'au lendemain. Toute la bourgeoisie se livra à la joie ; les juifs, au
nombre de quarante, s'assemblèrent dans la maison de
Daniel Lévy, et se divertirent aussi toute la nuit. En un
mot, tout le monde, riches, pauvres, jeunes gens, vieil-
lards, donnèrent l'essor aux sentimens de respect, de tendresse et de réjouissance. Tous, en général, chacun en son
particulier, bénirent le retour heureux, et si longtemps
désiré, de leur auguste prince-évêque. »

# LE CARDINAL ET LA CONSTITUTION

Le cardinal de Rohan se distingua par son zèle à protester contre les décrets de l'Assemblée nationale relatifs au clergé. Nous n'avons ici qu'à constater les faits, bien entendu.

Dans le n° 12, année de la *Feuille villageoise*, 12ᵉ semaine, jeudi 16 Décembre 1790, on lit :

« STRASBOURG. — Nous ne blâmons le clergé que lorsqu'il nous force à le blâmer. Pour peu qu'il nous donne sujet de l'approuver, nous le comblons d'éloges ; et lorsque dans ses erreurs il paroît excusable, nous jetons sur lui le manteau de la charité et de l'indulgence. C'est ainsi que nous nous étions pressé de célébrer la conversion apparente du cardinal de Rohan. Mais il s'est bientôt replongé dans ses illusions. Son retour dans son diocèse a été un scandale. Il a, dit-on, arraché les scellés posés par les officiers municipaux. Nous avons de la peine à croire un pareil excès. Mais ce qui est certain, c'est qu'il a protesté contre tous les décrets de l'Assemblée nationale, relatifs aux biens ecclésiastiques. M. le cardinal de Rohan avoit 700,000 livres de rente. Voilà 700,000 raisons pour protester. Mais nous doutons que les saints canons qu'il cite lui soient favorables. Car l'évangile veut des pasteurs missionnaires et non des prélats millionnaires. »

Dans le nº 3o, année de la *Feuille villageoise,* 3oᵉ semaine, jeudi 21 Avril 1791, on lit :

« Strasbourg. — Le cardinal de Rohan est bien loin
d'être *paxicrate.* Après avoir fait tant de folies et de dettes,
après avoir donné tant de scènes et de scandales, il vient
de lever une petite armée — cardinale. Elle ne sera pas
vêtue de pourpre. Elle sera vêtue en noir avec une tête de
mort pour drapeau. Cette armée funèbre est menacée de
mourir de faim ou de rage. Le général a voulu en même
temps jouer le rôle d'évêque. Il a jeté l'interdit sur la cathédrale de Strasbourg et défendu, sous peine de l'enfer, de
communiquer avec le nouvel évêque. Mais les portes de
l'enfer ne s'ouvrent pas ainsi à la voix d'un prêtre séditieux
et insensé. L'Assemblée nationale a prié le roi de donner
des ordres pour le faire arrêter, conduire aux prisons
d'Orléans et juger comme rebelle et perturbateur. »

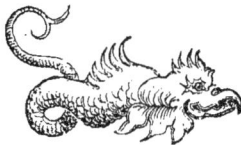

# L'EXCOMMUNICATION DE L'ÉVÊQUE BRENDEL

## PAR LE CARDINAL DE ROHAN [1]

L'exécution du décret sur le clergé fut assurément une des causes les plus directes de l'agitation qui régna en Alsace et particulièrement à Strasbourg vers les journées de Septembre 1792 et pendant l'époque sanglante de la Terreur. Dans l'introduction d'un clergé constitutionnel, les fidèles catholiques durent voir une atteinte flagrante portée à la liberté de conscience et à des droits séculairement consacrés. « De ce moment, la position d'un maire de Strasbourg, chargé de faire exécuter les décrets contre les prêtres réfractaires, aimés de leurs ouailles, approuvés en Cour de Rome, devenait difficile ; elle l'était d'autant plus que ce magistrat appartenait à un culte dissident.

« Les instructions et les mandements (23 et 28 Novembre) de l'évêque de Strasbourg appelaient ouvertement le clergé et les fidèles à résister au décret du 12 Juillet 1790 ; il n'y avait plus à hésiter ; la municipalité, à moins de quitter la place, se vit obligée de défendre la lecture de la circulaire épiscopale dans les églises ; le directoire du département, qui renfermait plus d'éléments aristocra-

---

[1] L. SPACH. *Frédéric de Dietrich — Revue d'Alsace*, 1856.

tiques, hésita un instant, puis il suivit cet exemple. Une surveillance active fut exercée sur les bords du Rhin pour empêcher l'introduction des brochures qui venaient d'Etten-heim ; mais ces mesures ne prévinrent pas toute espèce de démonstration ; lorsque dans les premiers jours de Jan-vier 1791 on se préoccupait de transporter aux archives départementales les documents provenant du chapitre de Saint-Pierre-le-Vieux, une résistance assez vive fut opposée à cet acte dans l'église même ; la garde nationale dut inter-venir pour opérer ce transfèrement *(sic)*. Quelques jours plus tard (le 10 Janvier) il y eut un mouvement dans la cathédrale à l'occasion de la clôture du chœur ; un club catholique se réunit sous le patronage du professeur Die-trich dans le séminaire et protesta contre l'exécution des décrets. Il fallut en venir à la clôture de cette réunion. Les paysans des villages catholiques aux environs de Stras-bourg étaient vivement agités, tandis que les villages pro-testants des anciens bailliages de la ville offraient d'accourir au secours de la municipalité. Le 23 Janvier était fixé pour la prestation du serment du clergé ; une petite minorité fit cet acte de soumission. La situation parut assez grave à l'Assemblée constituante de Paris, pour envoyer des commissaires royaux (Mathieu Dumas, Hérault de Sei-chelles et Foissey) qui approuvèrent, au surplus, la mesure adoptée par le maire et prononcèrent la révocation du directoire du département, dont le dévouement à la cause constitutionnelle n'était pas suffisamment avéré. M. de Dietrich fit des tentatives de conciliation auprès du cardinal de Rohan lui-même, mais cet échange de lettres devait ne pas aboutir à un résultat satisfaisant ; le cardinal-évêque persévérait dans sa manière de voir et se félicita de ce que la majeure partie du clergé était restée fidèle à son devoir.

« Le 6 Mars était le grand jour fixé pour l'élection de l'évêque constitutionnel ; M. de Schwendt avait discuté, dans une correspondance confidentielle avec M. de Dietrich, le choix d'un candidat et conseillé de jeter les yeux sur l'abbé de Marmoutier ou d'Ebermunster. On ne tint point compte de cet avis. Quatre cents électeurs procédèrent à l'acte inusité qui devait produire au sein du corps clérical et des croyants une exaspération indicible.

« L'abbé Brendel, qui avait prêté le serment voulu par la loi, fut nommé évêque de Strasbourg. On assure, quelque incroyable que paraisse le fait, que des électeurs protestants furent trouvés au nombre des votants ! C'était plus qu'il n'en fallait pour imprimer au nouveau prélat un stigmate indélibile ; il était décrié, avant son entrée en fonctions, comme évêque luthérien et matériellement menacé. Les commissaires du roi se virent obligés de le couvrir de leur protection et de l'abriter dans leur hôtel. Dans la cathédrale même, il fut gravement insulté par l'ancien curé de Saint-Laurent, lorsqu'il se préparait à officier pour la première fois. A Strasbourg, la vigilance du maire prévint de plus grands troubles ; mais à la campagne, où l'action de l'autorité ne pouvait se multiplier, l'installation des curés constitutionnels donna lieu à des désordres qui dégénérèrent quelques mois plus tard à Obernai en véritable émeute, que la garde nationale de Strasbourg com-

prima violemment et non sans commettre des excès répré-
hensibles.

« Les esprits honnêtes et modérés gémirent de ces
tristes incidents ; ils devaient peut-être, dès ce moment,
perdre confiance dans le succès absolu de l'Assemblée
nationale, puisqu'elle ne reculait pas devant les moyens de
rigueur sur le domaine inviolable de la conscience. Le
maire de Strasbourg, qui avait inscrit sur sa bannière offi-
cielle et au fond de son cœur les principes de la tolérance,
fut, sans aucun doute, profondément ému et affligé : mais
il subissait ici la loi de sa position.

« Cependant, il ménage autant que possible de justes
susceptibilités ; il se retranche derrière les commissaires du
roi qui, dans une proclamation adressée, le 18 Mars 1791,
aux Français habitant le département du Bas-Rhin, font
un peu de théologie déclamatoire pour défendre l'élection
de l'évêque Brendel, « de ce pasteur digne des premiers
« siècles du christianisme par ses vertus et des beaux jours
« de l'Eglise par ses lumières ; nouvel Ambroise qui, de-
« mandé à la fois par deux religions, comme le citoyen le
« plus désirable pour la tranquillité commune, a paru con-
« fondre un instant tous les cultes dans des acclamations
« universelles......

« Nourri par une longue étude de la saine et antique
« doctrine, il vous dira que, si l'on conteste au peuple le
« fait d'avoir jamais nommé les évêques, c'est une erreur
« contre laquelle déposent tous les monuments de l'his-
« toire...., il vous dira que l'excommunication ne peut être
« lancée par un évêque déchu de sa juridiction ; il vous

« dira enfin, que les censures civiques ne lient point devant
« Dieu et que, suivant la pensée des Pères de l'Eglise,
« celui-là se retranche lui-même de la communion qui en
« retranche injustement ses frères. » [1]

Frédéric Dietrich dut se voiler la tête en face de maux
auxquels il n'y avait pas de remède. [2]

---

[1] *Lettre 75 de saint Firmilien à saint Cyprien.*
[2] L. SPACH. *Frédéric de Dietrich*, etc. — *Revue d'Alsace*, 1856, p. 541
et suiv.

# LES CHANSONS ET LES CARICATURES

## CARDINAL ET CONSORTS

Au mois de Mars 1791, le poste de la garde nationale de Strasbourg détaché au pont du Rhin, fit une capture importante. La femme d'un des sacristains de la cathédrale, signalée pour faire les commissions du cardinal de Rohan, réfugié alors à Ettenheim, fut fouillée par le factionnaire, et on trouva sur elle un grand nombre d'exemplaires du Monitoire que le prélat lançait contre le soi-disant évêque élu du département du Bas-Rhin, le citoyen Brendel.

La saisie du mandement épiscopal et la capture de la pauvre Strasbourgeoise causèrent en ville une joie profonde, et un rimailleur inconnu crut devoir chanter l'événement.

En 1791, le Conseil général de Strasbourg prit un arrêté déclarant rebelle à la loi le sieur Jæglé, curé; et criminel de lèse-nation le cardinal de Rohan, au sujet de la publication clandestine d'un imprimé « séditieux » *(Monition canonique et ordonnance)* et d'un « attroupement scandaleux à l'encontre de M. l'évêque (Brendel) », etc.

A l'occasion de l'événement ci-dessus relaté, un libelle contre le prélat fut imprimé et distribué : « cette pièce libre et satyrique renferme des allusions historiques curieuses » et se compose de huit pages in-4°. Elle porte pour titre : *Lettre à Louis-René-Edouard de Rohan, etc., qui a été évêque de Strasbourg, qui enrage de ne l'être plus et qui ne le redeviendra jamais, quoi qu'il fasse, proviseur de Sorbonne, puisque la Sorbonne avilie y consent,* etc. — Avril 1791.

La *Monition canonique du cardinal de Rohan* provoqua différents libelles et satyres mordants et obscènes. L'une de ces pièces plutôt comiques que violentes, aujourd'hui très rares, porte pour titre : *L'Excommunication trouvée sous la jupe d'une femme, anecdote strasbourgeoise.* Poésie.

Un certain Engelbert Bosselmann fit paraître en 1792, à Paris, un volume in-12 avec le titre de : *La nouvelle Satyre Menippée sur la Révolution de France,* où se trouve le fin morceau de l'Excommunication découverte.

### L'EXCOMMUNICATION TROUVÉE SOUS LES JUPES D'UNE FEMME

(Anecdote strasbourgeoise)

Air : *Du Mirliton, Mirliton,* etc.

Dans ses goûts pleins de constance,
Notre galant cardinal
A, des foudres qu'il nous lance,
Placé le saint arsenal
Dans un mirliton, etc.

Admirons de sa sagesse
Cette heureuse invention !
On connaît dès sa jeunesse
Sa tendre dévotion
    Pour le mirliton, etc.

Mais dans sa douce espérance,
Il s'est encore vu trompé,
Hélas, son destin en France
Est d'être toujours dupé
    Par un mirliton, etc.

Une dévote matrone,
Digne apôtre de Satan,
Portait, en fière amazone,
Les foudres du Vatican
    Sur son mirliton, etc.

Notre garde vigilante
Fouilla ce réduit banal ;
Car cette troupe vaillante,
Aussi bien qu'un cardinal,
    Trousse un mirliton, etc.

Nous ajouterons ici quelques-unes des autres pièces dont nous avons parlé plus haut :

### MARCHE DES TROUPES ARISTOCRATES

Air : *Des petits Savoyards — Une petite fillette,* etc.

On dit que d'Artois arrive
    Accompagné des prélats,
Cette troupe fugitive
    Vers nous avance à grands pas
Bombes, canons et bataillons, boulets, canons
    Rien ne les arrête.
Ces braves Césars calotins
Ont tous des crucifix en mains.
Ils ont juré par leurs rabats
De renverser le Tiers-Etat,
De reprendre l'Episcopat.

Sur le front de la colonne
    Marche notre CARDINAL ;
On dirait Mars en personne,
    C'est un nouveau LŒWENDAL,
Frappant, taillant, battant, criant, jurant, sacrant,
    V'là comme il arrive
Oui, j'aurai mon Episcopat,
Car je suis sûr de mes soldats.
Allons ; marchons, doublons le pas,
Frappant, coupons, taillons des bras
Oui, j'aurai mon Episcopat *(bis)*.


CONDÉ semant l'épouvante
    Marche à la tête des siens,
Qui sont, dit-on, cent quarante,
    Mais lurons à toutes mains.
Héros Troyens, Grecs et Romains, François, Prussiens.
    Rien ne les égale
Ils vont battre la Nation,
Et plus de Constitution,
Point de quartier, chers compagnons,
Allons, courage et massacrons,
Faisons trembler la Nation *(bis)*.


Déjà de la Germanie
    Ils atteignent les confins,
Toute la troupe ennemie
    Campe sur les bords du Rhin.
Condé, d'Artois, abbés, prélats, chefs et soldats,
    Tous perdent courage ;
Aucun d'eux ne sait nager,
Et pas un ne veut s'exposer,
Jurant contre le Tiers-Etat.
Ils s'en retournent sur leurs pas,
En pleurant leur Episcopat *(bis)*.

## LA PRISE DE STRASBOURG PAR L'EX-CHEVALIER
## DE BONNARD

*(Juin 1792)*

Ecoutez, petits et grands !
Nous avons la guerre,
Près de trois mille Allemands
Viennent nous la faire.
Notre pieux cardinal
Est devenu général.

    La bonne aventure, oh·gué !
    La bonne aventure.

Voyez-vous le beau prélat
Vêtu d'écarlate,
Près de lui le potentat
Mirabeau cravate
Et le pauvre d'Eymar
Portant le saint étendard.

    La bonne aventure, etc

Wittersbach, Laserre et Mensk
Dirigent la troupe,
Monsieur Roth, plus fier que Trenk
A La Motte en croupe,
Et maître Zaiquelius
Dit le *Fratres oremus.*

    La bonne aventure, etc.

En passant par Offenbourg
Ils vont à l'office ;
Les grands comtes de Strasbourg
En font le service ;
Au lutrin sont quatre enfants,
Trois gueulards et deux serpents.

    La bonne aventure, etc.

Mais déjà vient s'avançant,
La fière cohorte.
A l'évêque conquérant,
Kehl ouvre la porte,
Et surtout monsieur Lautrec
Lui présente son respect.

    La bonne aventure, etc.

Ils rencontrent sur le pont
Nos aristocrates,
Et déjà nos héros font
Peur aux démocrates.
Tout se soumet au prélat;
Rohan a sauvé l'Etat.
    La bonne aventure, oh gué !
    La bonne aventure ! [1]

De Saverne, le 1er Octobre 1792, on écrit au *Courrier de Strasbourg* :

« C'est un plaisir bien doux de voir, depuis la révolution du 10 Août, comment le patriotisme s'est propagé, dans les villes mêmes les plus aristocrates, ou plutôt comment le patriotisme, consterné jusqu'à cette époque sous le joug insolent du stupide feuillant, maintenant lève la tête avec la dignité qui lui convient. Saverne, autrefois le repaire du druide Rohan et de ses vils complices en soutane, Saverne étoit aristocratique, parce que plusieurs familles de cette ville vivoient des débauches de cette horde de prêtres. A peine osoit-on y passer avec une cocarde patriotique; et deux ou trois excellens citoyens qui y avoient fondé une espèce de Société patriotique, n'osoient se trouver dans les rues après le coucher du soleil, sans risquer d'être assassinés. Aujourd'hui, cette société a pris de la consistance et de l'énergie, et quoique la moitié de la ville regrette encore le noble plaisir d'être gouvernée par les caprices d'un ivrogne, sous l'influence d'un prêtre escroc, les bons patriotes n'en vont pas moins

---

[1] *L'Express*, de Mulhouse, 16 Avril 1880.

leur train, et saisissent toutes les occasions de faire éclater leur zèle. Le dimanche 28 Septembre, la fête civique pour le succès des armes françoises en Savoie a été célébrée avec pompe. Les amis de la liberté et de l'égalité se sont réunis au commissaire, faisant les fonctions de maire, et au Conseil général de la commune, pour donner à cette fête tout l'intérêt d'une fête vraiment patriotique et républicaine. Un grand nombre de citoyens ont assisté à une séance, tenue à cet effet, et ont demandé non seulement à prêter avec les membres le serment de défendre la République, mais même de signer le procès-verbal. Une citoyenne, Christine Thiebault, s'est écriée en signant : *Non seulement je signe ce serment, mais je voudrois pouvoir le sceller de mon sang.* Quelques aristocrates que la curiosité avoit attirés dans la salle, ont pâli de rage et de fureur ; mais il a fallu se contenir, parce qu'on n'avoit plus là Monseigneur le cardinal, ni l'ancien Directoire du département du Bas-Rhin, qui ne valoit guère mieux. A l'issue de la séance, le commissaire et le Conseil général de la commune, accompagnés par la garnison et des gardes nationales et suivis des citoyennes, se sont rendus sur la place de la Révolution, où l'on a chanté l'hymne des Marseillois. Après la cérémonie, les Jacobins ont placé sur le fauteuil du cardinal l'effigie de Louis XVI, et l'ont promenée dans toutes les rues de la ville, au grand déplaisir des aristocrates, qui avoient soigneusement fermé leurs fenêtres et qui sans doute faisoient de ferventes prières pour la délivrance des prisonniers du Temple. Le soir, la ville a été illuminée, et il y a eu des danses et des festins. »

Il existe un gros petit livre en deux tomes avec ce titre singulier : « *Contes et Poésies du C. Collier, commandant général des Croisades du Bas-Rhin. A Saverne, 1792.* » Avec deux ravissantes vignettes. Ces *Contes et Poésies du C. Collier* ne sont pas, on le conçoit, de la première décence; on en peut juger par quelques intitulés : *Le Mari désossé. — Le Lendemain, action de grâces à Vénus. — L'Amour, la liqueur vermeille. — La Culotte de Saint Raimond de Pennafort. — Le Mari pacifique. — La Confession révélée. — L'Ane franciscain.* J'en passe, et des meilleurs.

Le premier volume s'ouvre par un *Avis de l'éditenr,* qui promet énormément; le voici dans toute son intégrité :

« Nous offrons au public la collection de *Contes du C. Collier,* dont les expéditions variées de sa vie romanesque préparent les matériaux nécessaires pour l'histoire de ce prélat célèbre. Tout le monde connoît le talent politique de ce C., trop fameux pour *manier* les affaires les plus *cachées* en France et en Allemagne. Sa vie apostolique l'avoit élevé au siège, que la vertu et l'exemple de ses actions n'ont jamais occupé; la grâce de Louis XV (qui n'étoit pas divine) transforma le mousqueton en crosse, pour faire voir aux races futures que l'on sait faire des miracles à la Cour de France, quand le destiné à porter des pareils fardeaux est un nobilissime bandit. Le génie guerrier et militaire de notre C. le fit occuper un jour (moi présent) le siége éminemment élevé de sa voiture et courir en postillon plus ferme et adroit que ceux qui composoient la meute des grandes et petites écuries, amenant les Belles qu'il avoit amusé par ses contes ; et entrant sans rougir dans son palais, m'ordonna de répéter la lecture de ses poésies, qui sont les suivantes.

« Je suis, Messieurs,

« Votre très dévoué serviteur.

« B. »

Ce n'est pas fort comme idées et comme littérature, j'en conviens : mais il faut juger l'intention qui est plus mauvaise encore que l'esprit et la prose, et c'est à ce titre que nous ne devions pas oublier de mentionner ce livre rarissime qui a été composé en l'honneur du fameux prélat.

Parmi les cent pièces qui composent ce recueil, la seule que nous puissions rapporter ici est la suivante :

### SUR LE PLAISIR

Vous demandez *qu'est-ce que le plaisir ?*
Vous qui le faites toujours naître !
Il est pénible à définir
Et doux à faire connaître :
Toujours sur les pas du désir
Il suit le tendre amour, son maître ;
L'enjouement, la variété,
Captivent son humeur volage,
Il fuit la triste austérité
Et le tumulte et le tapage ;
Il sourit à la liberté
Et se plaît au simple langage
De la naïve vérité.
On dit qu'il ne vit qu'au village ;
C'est une insigne fausseté :
L'aimable et riant assemblage
Des grâces, de l'aménité
Auront en tout temps l'avantage
De fixer la légèreté,

Et toujours sur son passage
Volant avec rapidité,
Vif et décent, badin et sage,
Il fera briller la gaîté.

## GRAVURES RÉVOLUTIONNAIRES

*Défaite des Contre-Révolutionnaires comande par le petit Condé*

(Pendant)

1. Le grand sabreur colonel de royal antropophage.
2. L'abbé d'Eymar traînant les débris de l'oriflamme épiscopale.
3. Le chevall de bois, ex-commandant du siége du pont neuf, aide major de l'armée.
4. Le nain des princes, porte étendart du général.
5. Deux capucins sauvage, sapeur de l'avant garde.
6. Le général d'Autichamp présentant au petit (Condé la cruche) à l'eau.
7. Necker, baron de la resource et autres lieux, entrepreneur des vivres.
8. Antoine Seguier, brule bon sens regréttan son requisitoire.
9. Le petit Condé acceptant de M. d'Antichamp la cruche.
10. Dernière chute de M^me de la Motte.
11. L'ancien archevêque de Paris, aumônier de l'armée.
12. Son impuissance l'évêque de Spire s'efforçant de relever M^me de la Motte.

## La Contre-Révolution

(Pendant colorié)

1. Son Altesse contre Revolutionnaire. Le petit Condé venant de reconnoître le fort de la Constitution, commande halte.

2. Le général d'Antichamp proposant la retraite.

3. Antoine Seguier portant le requisitoire contre la nation.

4. Calonne portant le coffret du trésor de l'armée.

5. Le cardinal Collier, tambour major précédé de sa petite famille, la musique du grand chapitre.

6. L'abbé d'Eymar portant l'oriflamme épiscopale.

7. M^me de la Motle, aide de lit de camp du cardinal.

8. Mirabeau Tonneau armé en guerre. Lieutenant général, commandant l'avant garde.

9. Deux capucins sauvages Jappeurs de l'avant garde.

10. Groupppe de fuyards formant l'avant garde.

11. Son impuissance Mgr. l'évêque de Spire commandant général auxiliaire, coiffé du traité de Westphalie.

21. La pucelle de la contre Révolution.

31. Corps de bataille.

41. Le chevalier Va ten voir s'ils viennent, premier aide de camp du général.

## L'Attaque de la Constitution

(Pendant)

1. Le cardinal pièce en campagne lâchant les aristocrates contre la Constitution.

2. La furie de l'orgueil et de l'avarice sourit de ses succès.

3. Résultat des chefs fanatiques contre la Constitution.

4. Le prince Condé se plaignant du mauvais succès de l'attaque à M^{me} de la Motte.

5. L'abbé d'Eymar suivant ses projets d'attaque pour la pucelle.

6. Mirabeau tonneau commandant l'asseault.

7. L'évêque de Spire avançant avec l'arrière garde.

8. Corps d'armée.

9. Drapeau de ralliement.

10. Un des plus enragés portant les boulet.

11. Musique de l'armée.

12. Un capucin sauvage qui fait rougir leurs boulet.

13. Corps de réserve.

14. Sac de munition.

# LES ROHAN ET LES HANNONG

Vers 1709, vint s'établir à Strasbourg Charles-François Hannong, de Mæstricht. Il y établit une manufacture de faïence, qui ne tarda pas à prendre un grand développement. En 1744, lorsque le roi Louis XV vint à Strasbourg, le monarque visita l'établissement du célèbre potier, qui avait acquis la considération et l'appui du cardinal-évêque Constantin de Rohan. C'est au point que le cardinal et son neveu Louis-René, son coadjuteur, puis son successeur, honorèrent, comme une marque singulière de leur haute bienveillance, de leur signature le contrat de mariage du faïencier Hannong.

Malgré tout, des décrets prohibitifs survenus en 1774, portèrent un préjudice immense à son industrie; ses réclamations étaient demeurées sans effet; en 1779, ses affaires étaient très embrouillées, son commerce était resté en souffrance, et pendant ces quatre ou cinq années, les embarras de sa situation n'avaient fait que s'accroître : une catastrophe était imminente.

« Sur ces entrefaites, dit M. Tainturier, le cardinal Constantin étant mort (11 Mars 1779), ses héritiers ordonnent immédiatement la liquidation de sa succession. Le 21 Mai, le sieur Petmesser, receveur général de l'évêché de Strasbourg, procède à la vérification de la caisse du sieur Schmitt, receveur dudit évêché, et constate un déficit de 445,859 livres. Schmitt déclare que les avances successives qu'il avait faites au sieur Hannong, entrepreneur de la manufacture de faïence de Strasbourg, étaient la cause de son embarras, et il remet les reconnaissances de ce dernier datées de 1777 et 1778, lesquels contiennent promesse de remboursement lorsque le gouvernement aura permis au sieur Hannong de faire librement le commerce de la faïence dans l'intérieur du royaume.

« Dès le 25 Mai, Hannong adresse au cardinal un mémoire dans lequel il lui offre la cession de ses usines, sur le pied de l'inventaire qui en sera dressé, et s'engage à rembourser, avant un an, les sommes qu'il doit à la succession, si Son Altesse veut bien lui faire obtenir la réduction des droits qu'il sollicite de la ferme royale. Il demande seulement qu'on lui accorde un intérêt quelconque dans les bénéfices de la fabrication ultérieure ; la divulgation des secrets de la fabrication des porcelaines par son frère, nonobstant les réserves faites à son profit personnel, et les exigences des fermiers généraux, à partir de 1775, sont, dit-il, les seules causes de ses embarras.

« Avant même que cette lettre fut parvenue à sa destination, Schmitt et Hannong étaient arrêtés en vertu d'un ordre du prince de Montbarrey, et, sans autre forme de procès, conduits à la prison militaire du fort Blanc.

« La femme de Hannong se hâte d'adresser au cardinal une supplique dans laquelle elle lui représente les inconvénients de cette incarcération et le tort que leur fait

la saisie de l'usine, qui doit entraîner leur perte et les
mettre, par suite, dans l'impossibilité de se libérer. De
son côté, le prisonnier offre caution pour sa personne, afin
de pouvoir continuer ses travaux dont la cessation est pré-
judiciable aux intérêts du prince, à lui-même et à ses nombreux ouvriers.

« Ces supplications restent néanmoins sans effet ; toute
communication est interdite aux prisonniers ; on ne leur
permet même plus de voir leur famille. L'agent des princes,
le sieur Hann, prend en leur nom les mesures les plus
rigoureuses ; il paraît cependant que l'opinion publique
était favorable à Hannong, car l'Ammeister-régent de la
ville de Strasbourg et le Grand Sénat refusèrent l'autorisation nécessaire pour procéder à une saisie des biens du
fabricant. Il fallut s'adresser au Conseil souverain d'Alsace, et dans le courant du mois d'Août, les scellés furent
apposés sur les deux manufactures.

« Hannong ne se décourage pas ; il présente au Conseil
une requête pour obtenir communication des ordres en
vertu desquels il a été incarcéré et fait remettre au cardinal un mémoire renfermant vingt-et-un projets de liquidation. Dans toutes ces pièces, il repousse avec énergie
l'accusation de fraude portée contre lui et refuse de consentir, comme l'avait fait Schmitt, à l'abandon général de
ses biens. La réponse à une consultation d'un sieur de J.,
sur cette affaire, est surtout d'une grande fermeté.

« Si la dette de M. Schmitt, dit-il, étoit extraordinaire,
« la nature de la mienne étoit civile et loyale. La gêne de
« la ferme, ma situation, mon travail, tout rendoit mon

« emprunt licite. L'honnêteté demande que je pense à ma
« réputation, à mon honneur et au bien de ma famille, et
« non pas à justifier par des démarches ridicules la procé-
« dure des princes. Si j'ai commis un abus condamnable,
« comme on le dit, pourquoi hésite-t-on à faire nommer
« un juge qui me condamne, et pourquoi m'a-t-on défendu
« toute communication avec les gens de loi ?

« Toute remise, ai-je dit dans mes propositions, ne
« peut convenir ni à mon honnêteté, ni à mon crédit ; il
« faut que tout le monde soit payé et que je n'aie pas l'air
« d'un commerçant en faillite. Après le mal que la ville et
« la province confessent que j'endure injustement, quelle
« confiance le prince pourroit-il avoir à ma sincérité ?
« Quel intérêt aurois-je de travailler avec zèle pour lui ?
« Toutes vos propositions tendent à dégrader mes senti-
« ments : si j'étois capable d'y accéder, mériterois-je alors
« les bonnes grâces du prince ?

« Si j'ai le malheur de lui déplaire par ma roideur,
« j'en serois au désespoir ; mais au moins ai-je fait que
« mon honnêteté méritera mon estime. »

« Ce n'est point là, en tout cas, le langage d'un mal-
honnête homme ; et, malgré l'origine quelque peu équi-
voque de la dette dont il s'agit, on ne peut parcourir les
nombreux mémoires, suppliques et documents justificatifs
publiés par Hannong, sans éprouver une sympathie réelle
pour le malheureux manufacturier ; il reste du moins bien
établi par les pièces mêmes du procès, que l'agent des
princes n'a pas agi suivant l'intérêt bien entendu de ses
clients, et, en tout cas, n'a pas toujours procédé avec les

ménagements et la légalité que commandait la position des
personnes engagées dans cette affaire.

« Le cardinal Louis n'avait, du reste, jamais paru disposé à continuer au potier strasbourgeois la protection dont
son oncle l'avait honoré, et lorsque survinrent ces difficul-
tés, il l'abandonna sans hésitation au *zèle* de ses agents :
aussi, plus tard, Hannong ne se fit-il pas faute de lui repro-
cher, dans ses écrits, d'avoir abusé de son influence pour
provoquer, contre lui, des mesures vexatoires et illégales;
il l'accuse notamment d'avoir fait menacer sa femme d'une
lettre de cachet, parce qu'elle s'était permise de présenter à
la reine un de ses mémoires imprimés, et d'avoir fait saisir
et détruire ces mêmes mémoires, sans aucun titre judiciaire.

« A partir de ce moment, Octobre 1779, la procédure
suivit son cours, sinon régulier, du moins assez rapide;
malgré les protestations et oppositions de Hannong, la
saisie est maintenue; les chevaux et marchandises sont
vendus à la requête des princes agissant sous le nom du
sieur Schmitt, créancier; les ouvriers déliés de leurs enga-
gements et serments envers le manufacturier; les livres de
commerce, documents et papiers déposés au Grand Sénat
de Strasbourg.

« Cependant, après une année de détention, Hannong
avait consenti à signer une transaction par laquelle il lui
était accordé dix années de terme et une remise de
200,000 livres. Rendu à la liberté par suite d'un arrêt de
surséance du 4 Août 1780, il s'applique à remonter ses
usines; après quatre mois, il travaillait avec soixante-
quinze ouvriers et avait payé 20,000 livres à ses créanciers.

Mais on lui avait imposé des commissaires gardiens qui, dit-il, gênaient ses opérations, lui refusaient les matériaux, traitaient tyranniquement ses ouvriers et les obligeaient au travail sous peine de prison, en leur refusant leurs salaires et la nourriture. De jour en jour, la situation devient plus difficile et plus embarrassée.

« Après avoir fait des efforts inimaginables pour conjurer sa ruine, et épuisé tous les moyens de conciliation, l'infortuné porte pour la seconde fois ses plaintes au pied du Trône ; le 2 Avril 1781, il dépose un objet de porcelaine, décoré par sa fille, dans le cabinet de la reine, qui répond par des paroles encourageantes ; puis toute la famille se jette aux pieds du roi, à la porte de la chapelle du château de la Muette, implorant justice et protection. Enfin, Hannong adresse mémoires sur mémoires au ministre, demandant la permission de présenter ses moyens de défense et se plaignant toujours de l'irrégularité de la procédure.

« Tout fut inutile ; sur les renseignements défavorables donnés par M. de la Galaizière, Hannong fut éconduit. Découragé cette fois, et à bout de ressources, il s'enfuit en Allemagne et, de là, adressa au roi de nouveaux mémoires justificatifs qu'il fit imprimer et répandre en Alsace. Mais déjà ses créanciers, profitant de son absence, l'avaient fait déclarer en état de faillite, et toutes ses protestations ne purent empêcher la vente de ses usines. » [1]

---

[1] TAINTURIER. *Manufacture de porcelaine et de faïence — Anciennes Industries d'Alsace et de Lorraine —* dans le *Bibliographe alsacien, —* Avril 1865.

# LE PRINCE-ÉVÊQUE DE STRASBOURG

## ET SES TERRES

L'évêque de Strasbourg était un des plus puissants princes féodaux de la province; il prenait les titres de prince-évêque, landgrave d'Alsace et prince du Saint-Empire, et possédait de vastes seigneuries des deux côtés du Rhin.

En Basse-Alsace, il était seigneur des villes de Saverne, de Molsheim, de Mutzig, de Dambach, de Rhinau et de Marckolsheim; des huit bailliages ruraux de Saverne, de Greiffenstein, de Kochersberg, de Dachstein, de Schirmeck, de Benfelden, de Marckolsheim, de Wantzenau. Dans la Haute-Alsace, des villes et bailliages de Rouffach, de Soultz et d'Eguisheim. De l'autre côté du Rhin, il possédait les deux bailliages de l'Ortenau et d'Ettenheim.

Les terres épiscopales d'Alsace comprenaient plus de cent vingt villes et villages et plus de cent mille âmes, mais elles n'étaient pas d'un seul tenant; les seigneuries qui les composaient étaient dispersées d'une façon très inégale dans la Basse et dans la Haute-Alsace.

L'évêque-prince de Strasbourg, en qualité de prince du Saint-Empire, avait droit de siéger aux diètes, et il prêtait foi et hommage à l'empereur, sauf la réserve (depuis la réunion de l'Alsace à la France) de sa fidélité au roi, son souverain maître et seigneur.

Les revenus des vastes domaines épiscopaux montaient à 350,000 florins par an, ce qui n'empêchait pas les prélats titulaires d'être à peu près constamment obérés. Ce fut au point, qu'au commencement du XVIII⁰ siècle le roi dut autoriser l'évêque de Strasbourg à lever sur ses sujets, pendant dix ans, une imposition extraordinaire de 50,000 livres, pour éteindre les dettes dont l'évêché était grevé.

L'évêque de Strasbourg comptait parmi les seigneurs alsaciens de nombreux et nobles vassaux : les d'Andlau, les Wangen, les Berstett, les Dettlingen, les Bœcklin de Bœcklinsau, les Gail, les Joham de Mundolsheim, les Linange, les Oberkirch, les Waldner, les Schauenbourg, les Gayling, les Ichtersheim, les Klinglin, les uns protestants, les autres catholiques, et bien d'autres encore, tenaient des fiefs dépendants de l'évêché.

En 1772, lorsque l'avant-dernier prince-évêque de Strasbourg, un Rohan, réunit sa Cour féodale à Saverne, il y reçut foi et hommage de soixante-neuf seigneurs. Cette prestation de foi et hommage n'était plus, on le comprend, qu'une vaine et pompeuse formalité faite pour flatter l'orgueil du seigneur dominant, car, depuis que l'Alsace était réunie à la France, les guerres de seigneur à seigneur étaient sévèrement défendues; le seigneur dominant n'avait plus à recourir à l'assistance de ses vassaux, ni ces derniers à la protection de leur seigneur.

La position éminente que le prince-évêque de Strasbourg occupait dans le clergé et parmi les princes laïques, lui donnait à la Cour une grande influence ; il était, à vrai dire, le personnage le plus puissant de la province. « Du vivant du cardinal Louis-Constantin, dit l'abbé Grandidier, la Cour ne statuait rien de considérable par rapport à l'Alsace, sans prendre son avis, regardant l'évêque de Strasbourg comme le chef et l'organe de la province, qui pouvait seul parler pour elle. Chargé en quelque manière de la procuration tacite du peuple, ce prélat était lui seul le pivot de la chose publique. Sa vie fut une négociation presque continuelle. Interprète tantôt des intentions de la Cour en province, tantôt des intérêts et des droits de la province en Cour, il sut acquérir des deux côtés une considération égale, servant son maître en patriote et plaidant la cause du peuple en grand seigneur. Son château de Saverne était le rendez-vous des différents ordres de la province ; l'on y voyait arriver tantôt le préteur de Strasbourg et les chefs des moindres villes, autant pour conférer avec le père de l'Alsace que pour lui faire leur cour, et dans ces conférences se rédigeaient ces mémoires pleins de force et de noblesse qui ont commencé de bonne heure à instruire la Cour des droits presque inconnus d'un pays conquis et qui ont cimenté si longtemps notre bonheur par nos priviléges.

« Depuis sa mort, tout a changé de face [1] ; jusqu'alors

---

[1] Grandidier écrivait ces lignes sous le cardinal Louis de Rohan (le dernier) qui était tombé en disgrâce à la Cour.

l'Alsace n'avait qu'à jouir de son bien-être et n'avait pas même besoin d'y songer pour en jouir encore. Oubliée pour ainsi dire de ses nouveaux maîtres pour tout ce qui s'appelle contributions, elle souffrait sans peine d'être commandée militairement dans tout le reste. La propriété n'y connaissait point d'impôts et le commerce point d'entraves. »

L'évêque avait plusieurs résidences princières. Le nouveau palais épiscopal ou château de Strasbourg fut construit sous le cardinal Gaston de Rohan par l'architecte Massol, et était achevé depuis 1741. Les habitants de l'évêché avaient contribué, suivant lettres-patentes du 14 Novembre 1721, aux frais de la construction par une subvention annuelle de 12,000 livres, qui dura dix ans.

Mais la plus splendide résidence des évêques était le palais de Saverne, que ces prélats habitaient d'ordinaire avec leur Cour. Le nouveau château qui avait remplacé l'ancien devenu le 8 Septembre 1779 la proie des flammes, fut construit par l'architecte Salins de Montfort, sur le plan du château de Wiesenstein, près de Cassel. Pour subvenir aux frais de cette luxueuse entreprise, le Grand-Chapitre de Strasbourg autorisa une coupe de 150,000 livres dans les forêts de l'évêché, la ville de Saverne fournit les bois de charpente, les habitants des terres épiscopales furent frappés d'une contribution annuelle de 150,000 livres pendant dix-huit ans, et les juifs d'une contribution de 6,000 livres. Le clergé accorda un don gratuit.

A côté de ce somptueux palais s'étendaient à plus d'une lieue des jardins, un parc, une faisanderie avec un bassin d'eau et un canal qui allait jusqu'au village de Stembourg. Une statue de Louis XIV, en bronze, ornait la cour d'honneur ; la chapelle renfermait des œuvres d'art remarquables et une croix et des chandeliers en argent massif. Une magnifique bibliothèque et un riche musée occupaient au château de vastes salles.

A Benfeld et à Mutzig, l'évèque de Strasbourg avait encore des résidences princières. Le château de Mutzig était entouré de magnifiques chasses...... depuis, on y a substitué une fabrique de quincaillerie.

Ce n'est pas tout : l'évèque de Strasbourg pouvait encore aller se délasser de ses « ennuis et de ses fatigues » dans son château d'Isembourg, près de Rouffach. Mais celui-ci était bien délabré : il n'eut pas souvent l'honneur de reposer la tête du fastueux prélat.

Revenons encore, avec lui, à Saverne. Non seulement Saverne était la résidence où se complaisait le prince-évêque de Strasbourg, c'était aussi le siége de la régence et de la Chambre des comptes des terres épiscopales ; c'était la demeure préférée d'un grand nombre de familles nobles, de magistrats, d'officiers de justice et de finance. C'était une petite capitale. Les Wangen, les Truchsess, les Rhein-felden, les Lutzelbourg, les Flachslanden et vingt autres grandes maisons y possédaient des hôtels somptueux, de même que le Chapitre de Neuwiller et les abbayes de Marmoutier et de Saint-Jean-des-Choux.

« La joie, les plaisirs, la douce indolence y régnaient, paisiblement quelquefois, souvent d'une manière bruyante, lorsque, le 10 Juin 1790, une horde de six cents paysans envahit les jardins et la faisanderie du château, abat les arbres séculaires, tue le gibier, renverse les murs de clôture. Cette populace qui naguère encore, il y avait à peine quelques mois, s'agenouillait pieusement ou hypocritement devant le prélat dans tous les lieux de son passage, pour recevoir la bénédiction de sa main épiscopale ; cette lie qui, dans ses transports menteurs et dans son enthousiasme théâtral, montrait au prince mîtré sa reconnaissance pour ses faciles générosités, en dételant sa voiture et la traînant comme un troupeau d'esclaves ; cette foule avinée, le 10 Juin 1790, se livrait, sur les biens de son bienfaiteur, à un pillage insensé, et ne cessa son œuvre de destruction qu'à l'arrivée de quelques compagnies de soldats expédiées de Strasbourg pour rétablir l'ordre si brusquement troublé. »

Le château épiscopal de Saverne, qui avait déjà englouti des millions, restait inachevé, et le prince-évêque, misérable, disgrâcié, hué, chansonné et sifflé, partait pour l'exil !

# LE CHATEAU OU PALAIS ÉPISCOPAL

## A STRASBOURG

Des recherches du savant archiviste L. Spach, à propos de l'érection de ce monument, il résulte que « dès l'année 1727 le cardinal de Rohan avait obtenu des lettres-patentes qui lui accordèrent une imposition sur les habitants du diocèse, *pour la construction du Palais épiscopal.*

« Toutefois les travaux ne semblent pas avoir été commencés immédiatement. Plusieurs années paraissent même s'être écoulées entre l'obtention des lettres-patentes et le commencemeǹt des constructions. Ces dernières, néanmoins, étaient en train en 1732 et en pleine activité en 1734. C'est pour cela aussi que l'on indique cette année comme ayant été celle de la construction. La terrasse, régnant au-devant de la grande façade méridionale, le long de la rivière, ne fut établie qu'en 1742. Cette date paraît donc avoir été celle de l'achèvement des travaux.

« Le nouveau palais épiscopal fut élevé sous la direction du sieur Massol, architecte du cardinal de Rohan. Je vois néanmoins, par le procès-verbal de la séance des XIII du 13 Mars 1738, que cet artiste n'eut à cette occasion que la direction des travaux de construction et qu'il ne fit qu'exécuter des plans conçus et dessinés par un autre artiste. Le préteur royal, de Klinglin, le dit dans les termes les plus exprès, dans la délibération que je viens d'alléguer. Si je ne me trompe, je crois me rappeler d'avoir lu quelque part que ce fut un artiste parisien ou du moins français qui traça le plan du palais.

« Quant aux lettres-patentes de 1727, j'ajoute encore qu'elles accordèrent au cardinal une imposition de 12,000 livres par an sur les justiciables de l'évêché, pendant douze ans, et un emprunt de 200,000 livres pour la construction de ce palais. » [1]

---

[1] L. Spach. Lettre au *Bibliographe alsacien*. 1866, Novembre—Décembre.

# L'HÉRITAGE DU CARDINAL

Il y a dans le *Courrier du Bas-Rhin,* à la date du 6 Septembre 1863, un article très curieux (sous les initiales A. S., dont tout le monde sait lire le nom entier) à propos du cardinal de Rohan et de sa succession. Nous nous empressons de le reproduire intégralement, car c'est un résumé précieux qui nous plaît.

« Il est un nom qui ne s'oubliera pas de sitôt à Strasbourg et autour duquel, aujourd'hui déjà, s'est formé comme un cycle de légendes de toute nature, les unes gaies et galantes comme un roman du dernier siècle, les autres sombres et tragiques comme un drame moderne ; ce nom est celui du cardinal de Rohan, évêque et prince de Strasbourg (en 1784), landgrave d'Alsace, prince d'Etat de l'Empire, roi spirituel d'un diocèse de trente-six lieues carrées, pourvu d'emplois et de bénéfices dont le revenu n'était pas moindre de 1,200,000 livres. Cet homme superbe que nos grand'mères se souviennent d'avoir vu pousser son carrosse dans les poteries du marché de la place Saint-Pierre-le-Jeune, pour le seul plaisir de jouir du désespoir des marchands et de leur rembourser au décuple leur vaisselle brisée, cet homme superbe laisse un héritier qui vient de comparaître à Paris, dans une affaire juridique, superbe, elle aussi, puisqu'elle procède en droite ligne de la célèbre affaire dite du *Collier de la Reine,* et puisque ce sont les héritiers des joailliers Bœhmer et Bassange qui citaient en justice l'héritier du cardinal de Rohan.

. . . . . . . . . . . . . . . . . . . . . . . . . . .

« On sait que, trompé par une habile intrigante, le cardinal de Rohan acheta, au nom de la reine Marie-Antoinette, un collier d'une valeur de 1,600,000 livres aux joailliers Bœhmer et Bassange à Paris, que ce collier ne fut jamais remis à la reine et que le cardinal et ceux qui s'étaient joués de lui, furent condamnés en 1785 à diverses peines. Se reconnaissant débiteur de 1,600,000 livres, le cardinal prit des arrangements avec les créanciers ; mais le premier terme des arrérages n'était pas encore venu à échéance, que la Révolution le déposséda de ses bénéfices et domaines ecclésiastiques. De là, le germe du procès. »

La Révolution venue, le cardinal de Rohan, comme évêque de Strasbourg, se revêtit de son titre de prince du Saint-Empire et émigra à Ettenheim.

Il s'allia aux princes allemands qui possédaient en Alsace des fiefs garantis par le traité de Westphalie, et ameuta contre le nouvel ordre de choses tout le haut clergé, les abbés à bénéfices, les chanoines nobles et les communautés.

Profitant de l'incurie des gouvernements qui n'avaient rien fait pour acclimater en Alsace la langue française, le cardinal de Rohan lançait dans les campagnes des prédicateurs allemands, dans l'espoir de « fanatiser » les paysans.

Dietrich, pour opposer prédication à prédication, appela en Alsace un franciscain allemand, natif des environs de Wurtzbourg, en Franconie, que la lecture de l'*Encyclopédie* et le mouvement de la France avaient enflammé d'enthousiasme, et qui était alors professeur de philosophie et de belles-lettres à l'Université de Bonn. Cet homme était d'une éloquence ardente, d'une dialectique serrée et qui remuait profondément ses auditeurs.

Brendel, l'évêque constitutionnel de Strasbourg, le nomma professeur d'éloquence au grand séminaire, puis en fit son vicaire.

Il s'appelait Euloge Schneider et devint plus tard ce terrible procureur du tribunal révolutionnaire de Strasbourg, dont les excès indignèrent Saint-Just, qui le fit arrêter et envoyer à Paris, où il fut guillotiné. [1]

« Le cardinal forcé d'émigrer, s'était retiré, en l'an III, sur la rive droite du Rhin, dans sa ville d'Ettenheim, où il mourut le 17 Février 1803, instituant pour sa légataire universelle Charlotte-Louise-Dorothée de Rohan-Rochefort, fille de son cousin-germain. « C'est cette même prin« cesse (dit la correspondance judiciaire de l'*Indépendance* « *belge,* qui nous fournit ces détails) c'est cette même « princesse Charlotte dont le nom est devenu célèbre par « l'amour qu'elle sut inspirer au duc d'Enghien, auquel « l'unissait, assure-t-on, un mariage secret. » Elle habitait avec lui à Ettenheim, dont elle avait fait sa résidence, lorsque, dans la nuit du 15 au 16 Mars 1804, ce malheu-

---

[1] EDOUARD SIEBECKER. — *La Revue alsacienne* — *La Marseillaise,* année 1878-79, p. 160.

reux prince fut surpris, enlevé violemment, conduit dans la citadelle de Strasbourg et de là à Vincennes. Arrivé au lieu de son supplice, il remit à l'un des assistants des cheveux, un anneau d'or et une lettre pour celle qu'il ne devait plus revoir. La princesse conserva de cette sanglante catastrophe une douleur profonde. Elle resta fidèle au souvenir du prince et se voua au célibat pour le reste de ses jours. Elle est décédée le 1er Mai 1841, laissant pour légataire universel le prince Armand-Mériadec Montbazon de Rohan-Rochefort, auteur des princes de Rohan défendeurs au procès.

« A la mort du cardinal, la princesse Charlotte avait accepté sa succession sous bénéfice d'inventaire ; elle avait fait en conséquence dresser un état des valeurs mobilières et immobilières qui n'avaient pas été comprises dans l'inventaire administratif auquel il avait été procédé en France par suite de la confiscation prononcée contre le cardinal en sa qualité d'émigré.

« Parmi ces immeubles figure une maisonnette située à Saasbach, près de la place où Turenne est tombé, frappé d'un boulet, au moment où il se disposait à attaquer Montécuculli. Cette maison servait d'habitation au garde chargé de veiller sur le monument. En 1796, le monument et la maison furent détruits ; mais plus tard, sur l'ordre du gouvernement français, le grand-duc de Bade les rétablit, et la maison resta la propriété du cardinal.

. . . . . . . . . . . . . . . . . . . . . . . .

« Mais ce qu'il y a de plus curieux, ce sont certains documents et actes émanés du cardinal et conçus dans les termes les plus insolites, même pour l'époque éloignée à laquelle ils appartiennent.

« Voici, par exemple, en quels termes le cardinal se reconnaît débiteur de son cousin, le prince de Rohan-Rochefort :

« Nous, Louis-Edouard, prince de Rohan, par la « grâce de Dieu et de l'autorité du Saint-Siége apostolique, « cardinal, etc., etc.

« Savoir faisons que l'unité et l'union qui a toujours « existé et qui subsiste encore entre notre cousin le prince « de Rohan-Rochefort et nous, fait qu'en plusieurs occa-« sions, étant possesseur de biens-fonds après la mort « du prince de Montauban, son père, il nous a souvent « prêté, etc. »

« Il est impossible de reconnaître une dette en langage plus superbe.

« L'illustre débiteur énonce ensuite les causes qui l'ont empêché de s'acquitter envers son cousin :

« Ce sont, dit-il, la banqueroute d'un nommé Schmitt, « l'incendie de notre résidence de Saverne, et, en outre, « l'énorme dépense du procès que nous avons gagné en « 1786, comme un homme d'honneur gagne un procès « d'honneur ; mais de tels succès sont toujours ruineux ; « enfin, le bouleversement général et la spoliation de toutes « les propriétés, tristes effets de la Révolution française « qui, en nous privant de tous nos revenus de notre évêché « de Strasbourg et abbayes, et, en outre, de toutes nos « possessions territoriales en France, nous ont ôté les

« moyens de nous acquitter...... Toutefois, occupé de
« l'avenir au moment où notre cousin le prince de Rohan
« se dispose à partir pour suivre les armées et marcher
« avec le corps de Condé, et considérant que nous pou-
« vons mourir d'un moment à l'autre, nous sommes con-
« venu, etc. »

« L'acte se termine par ces mots : « En foi de quoi,
« nous avons signé les présentes, apposé le sceau de nos
« armes et fait contresigner par le conseiller-secrétaire de
« nos commandements. »

Le cardinal aurait pu ajouter encore la faillite Guéménée. Voici comme en parle M^{me} d'Oberkirch :

« A Strasbourg, comme à Paris, dit M^{me} d'Oberkirch,
on ne s'occupait que de la faillite du prince de Guéménée.
C'était la chose la plus douloureuse du monde ; on se
demandait comment un Rohan avait pu se laisser amener
à une position semblable et à finir ainsi. Il y avait clameur
de haro dans le peuple ; les gens les plus atteints étaient
des domestiques, des petits marchands, des portiers, qui
portaient leurs épargnes au prince. Il avait tout reçu, tout
demandé, même des sommes folles, et il a tout dissipé,
tout perdu. Parmi les gens du cardinal-archevêque, il s'en
trouvait plusieurs de complètement ruinés ; le prince Louis
leur a rendu sur-le-champ ce qu'un prince de sa maison
leur enlevait. Il a été en cela très noble et très généreux. » [1]

« En 1800, il ne se doutait pas encore, ce brave cardinal, dit l'*Indépendance,* que les formules féodales, dont

---

[1] La baronne d'OBERKIRCH. *Mémoires,* t. II, p. 1.

il essayait de rehausser sa situation de débiteur, étaient déjà un anachronisme.

« Type à jamais disparu, le cardinal de Rohan est un de ces hommes qui semblent prédestinés à fournir des sujets à la légende populaire ; les contemporains commencent par allumer autour de leurs noms une certaine auréole de scandale ; viennent ensuite l'anecdote et les *auas* qui s'emparent de leurs personnes, et quand quelques siècles auront passé par là-dessus, la légende s'épanouira à l'aise, au milieu de ces aventures bizarres et de ces souvenirs ébréchés.

« M^me de Genlis, qui avait connu le cardinal, en a laissé un portrait qui doit être ressemblant, tant il est finement touché : « Le prince Louis, dit-elle, avait une figure « très agréable, des manières trop lestes pour son état, une « conversation frivole, animée, spirituelle ; il n'était rien « de ce qu'il devait être ; mais il était aimable autant qu'on « le peut être hors de sa place et de son caractère. »

# TABLE DES MATIÈRES

# TABLE DES MATIÈRES

# CATALOGUE

DES

# OUVRAGES RELATIFS A L'ALSACE

EN VENTE

CHEZ HAGEMANN ET C<sup>ie</sup>, ÉDITEURS

*135, Grand'Rue, à Strasbourg*

*Armoiries d'Alsace.* — Tableau chromolithographique mesurant 55 sur 65 centi-
mètres, représentant les principales armoiries des villes, bourgs et villages
d'Alsace. Strasbourg, 1878. Prix..... .. ...... ...... .. . ...... 10 fr.

*Armorial de la généralité d'Alsace*; recueil officiel dressé par les ordres de Louis XIV
et publié pour la première fois par A. de Barthélemy. Colmar, 1861,
1 vol. in-8º. .. ...... ..... .................... ......... . 3 fr. 50

BAQUOL et RISTELHUBER. — *L'Alsace ancienne et moderne*, dictionnaire
topographique, historique et statistique des départements du Haut- et du
Bas-Rhin, par Baquol; 3<sup>me</sup> édition, entièrement refondue par Ristelhuber.

  Broché............................. .... . ............ 10 fr.
  Relié en demi-chagrin........... ,,............... 14 fr.

*( Cet ouvrage forme un fort volume in-8º, accompagné de 114 armoiries tirées
en couleur, de 100 fac-similes de monnaies, de 2 petites cartes de Specklé de 1576,
d'une carte de la province d'Alsace de 1790, de 2 nouvelles cartes des départements du Haut- et du Bas-Rhin, et d'une planche représentant l'ancienne bannière
de Strasbourg, reproduite en or et en couleur.)*

Le même ouvrage sur papier de Hollande.......... .............. ... 30 fr.

 *(Tiré à 18 exemplaires.)*

— Supplément au dictionnaire d'Alsace. Album in-4º, obl. de 12 planches   2 fr.

BAYER (Aug. de). — *La Cathédrale de Strasbourg* en XI pl. lith. Paris, s. d.
In-fol. .................................... .................. .... 6 fr.
*(Quelques exemplaires seulement.)*

*Cathédrale de Strasbourg et ses détails*, mesurés et dessinés par Andr. Friederich.
16 pl. in-fol., lith., avec texte français et allemand ..... ........... 15 fr.
*(Nouv. tirage de 25 exempl. seulement, numérotés à la presse.)*

*Documents historiques concernant Sainte-Marie-aux-Mines.* Côté d'Alsace. (Markirch.)
Strasbourg, 1879. 1 vol. in-8° .............. ................ ........,. 10 fr.
*(Tiré à 150 exemplaires.)*

GUERBER (l'abbé). — *Essai sur les vitraux de la Cathédrale de Strasbourg.*
Strasbourg, 1848. 1 vol. in-8°, avec 4 planches dessinées par Bapt. Petit-
Gérard, lithochromées par E. Simon .. . ..................... ...... 2 fr.

GYSS (l'abbé). — *Histoire de la ville d'Obernai* et de ses rapports avec les autres
villes ci-devant impériales d'Alsace. Strasbourg, 1869, 2 vol. in-8° ... 6 fr.

— *Der Odilienberg.* Légende, Geschichte und Denkmäler, mit einem topograph.
Plan des Odilienbergs. Rixheim, 1874. 1 vol. in-8° ........... .... 4 fr.

HAGEMANN (Emile). — *Les Ambassadeurs alsaciens à l'étranger et les Ambassadeurs étrangers en Alsace.* 1 vol. in-12, elzévir (de la grande Collection alsacienne)........... ............. ................,...... ...... 6 fr.

— *Les Aventures de la comtesse de Guébriant,* ambassadeur en Pologne, gouverneur de Brisach, première dame d'honneur de la reine Marie-Thérèse.
Brochure in-8°..... ............. ...................... ... 1 fr. 25

HANAUER (l'abbé). — *Les Constitutions des campagnes de l'Alsace au moyen-âge,*
recueil de documents inédits. Strasbourg, 1863. 1 vol. in-8°, broché.. 6 fr.

— *Études économiques sur l'Alsace ancienne et moderne.* Tome I : les monnaies;
tome II : denrées et salaires. Strasbourg, 1876 et 1878. 2 vol. in-8° ... 18 fr.
*(Ouvrage couronné par l'Académie des inscriptions et belles-lettres.)*

*Hans (der) im Schnokeloch.* 8 planches et titre photolith , d'après les dessins de
Em. Schweitzer. Texte par Ad. Stœber, avec une notice par Le Roy de
Sainte-Croix. Strasbourg, 1880. 1 album in-4°, broché............. 6 fr.

HOLLAR (Wenzel). — *Jahreszeiten als Strassburger Ansichten,* zu Strassburg bey
Jac. von der Heyden. Quatre vues de Strasbourg reproduites en photolith.
Strasbourg, 1879 ........ . .................. ... ............. 3 fr.
*(Tiré à 100 exemplaires.)*

— *Turris et Aedes Ecclesiae Cathedralis Argentinensis,* a° 1645. Belle Cathédrale
reproduite en photolith. Strasbourg, 1879. ....... ............. 1 fr. 50
*(Tiré à 50 exemplaires.)*

HUNCKLER (Th. F. X.). — *Geschichte der Stadt Colmar und der umliegenden
Gegend,* mit einem Plan der Stadt Colmar, Colmar, 1838, 1 vol. in-12 2 fr. 50

LALLEMAND. — *Les Paysans badois*. Strasbourg, 1860. 1 vol. in-4°, avec
16 planches de costumes coloriés, des vignettes et une carte . . . . . . . . .    10 fr.

LE ROY DE SAINTE-CROIX. — *L'Alsace en fête* sous la domination des Louis
de France. 1 vol. in-4° de 212 pages, sur beau papier, broché . . . . . . .    15 fr.
Relié en maroquin plein, fers spéciaux . . . . . . . . . . . . . . . . . . . . . . . .    35 fr.

— *Représentation des fêtes données par la ville de Strasbourg* pour la convalescence
du Roi, à l'entrée et pendant le séjour de Sa Majesté dans cette ville (1744) ;
inventé, dessiné et dirigé par J. M. Weiss, graveur de la ville de Strasbourg.
Reproduction in-4° par la photogravure, 18 pages de texte avec 13 photo-
gravures ; accompagné de l'*Alsace en fête* sous la domination des Louis de
France. 1 vol. in-4° de 245 pages, sur beau papier, broché . . . . . . . . .    35 fr.
Sur papier de luxe, broché . . . . . . . . . . . . . . . . . . . . . . . . . . . . . . . . .    50 fr.
La reliure en maroquin plein, avec fers spéciaux, d'après la reliure primitive
Padeloup, en sus . . . . . . . . . . . . . . . . . . . . . . . . . . . . . . . . . . . . . . . .    20 fr.

— *L'Alsace en fête*, ou Histoire et description des fêtes, solennités, réjouissances et
cérémonies religieuses, civiles et militaires, publiques et privées, en Alsace.
4 volumes, grand in-8° (de la grande collection alsacienne) . . . . . . . . .    60 fr.

— *Le Chant de guerre de l'Armée du Rhin ou la Marseillaise*, paroles et musique de
la Marseillaise, son histoire, contestations à propos de son auteur, imitations
et parodies de ce chant national français. 1 volume grand in-8° (même
collection) . . . . . . . . . . . . . . . . . . . . . . . . . . . . . . . . . . . . . . . . . . . . .    7 fr. 50

— *La Marseillaise et Rouget de Lisle*, notice historique sur des documents inédits
ou peu connus. (Conférence donnée par M. Le Roy de Sainte-Croix à Lons-
le-Saunier, le 8 novembre 1880). Brochure gr. in-8° . . . . . . . . . . . . .    1 fr. 25

— *Encore la Marseillaise et Rouget de Lisle*, imitations, contrefaçons et parodies de
ce chant national français. (Conférence donnée par M. Le Roy de Sainte-
Croix, à Choisy-le-Roi, le 14 novembre 1880). Brochure gr. in-8° . .    1 fr. 25

— *Le Terrible Jean de Wert, le fameux prisonnier de Rheinfeld*. 1 vol. grand in-8°
(de la grande collection alsacienne) . . . . . . . . . . . . . . . . . . . . . . . . . . .    3 fr.

-- *Les Éléments déchaînés en Alsace*. 1 vol. grand in-8° (même collection) . .    4 fr.

— *Les Corporations d'arts et métiers en Alsace*. 1 vol. grand in-8° (même collec-
tion) . . . . . . . . . . . . . . . . . . . . . . . . . . . . . . . . . . . . . . . . . . . . . . . . . . .    6 fr.

— *L'Alsacien qui rit, boit et chante*, ou Recueil de chansons, d'anecdotes, de bons
mots, de propos de table de l'Alsace. 1 vol. in-18, elzévir (de la petite collec-
tion alsacienne) . . . . . . . . . . . . . . . . . . . . . . . . . . . . . . . . . . . . . . . . . . .    3 fr.

— *Promenade historico-humoristique dans la ville de Strasbourg et aux environs*. 1 vol.
in-12 (même collection) . . . . . . . . . . . . . . . . . . . . . . . . . . . . . . . . . . . .    3 fr.

— *Description des fêtes qui ont eu lieu en Alsace en 1848* pour le deuxième anniver-
saire centenaire de la réunion de l'Alsace à la France. 1 vol. in-12 (même
collection) . . . . . . . . . . . . . . . . . . . . . . . . . . . . . . . . . . . . . . . . . . . . . . .    3 fr.

LE ROY DE SAINTE-CROIX. — *Visites en Alsace d'étrangers illustres*, 1 vol. in-12 (de la petite collection alsacienne) ............................ .....    3 fr.

— *Les Médailles alsaciennes au point de vue historique*. 1 vol. in-12 (même collection)...............................................................    3 fr.

MOSSMANN (X.). — *Chronique des dominicains de Guebwiller*, texte allemand. Guebwiller, 1844. 1 vol. in-8°...................................    4 fr.

MULLER. — *Le Magistrat de la ville de Strasbourg*, les Stettmeisters et Ammeisters de 1674 à 1790, les prêteurs royaux de 1685 à 1790, et notice généalogique des familles de l'ancienne noblesse d'Alsace, depuis la fin du XVII<sup>e</sup> siècle. Strasbourg, 1862. 1 vol. in-12 ..........................    5 fr.

    *(Quelques exemplaires seulement.)*

PITON (Fréd.). — *La Cathédrale de Strasbourg*. Strasbourg, 1861. 1 vol. in-8°, illustré de 3 photographies et de 7 lithographies ................    3 fr. 50

RAVENÈZ. — *Annales des dominicains de Colmar*, publ. en MDCXXIV par Ursteis, trad., comm. et augm. par L. W. Ravenèz. Colmar, s. d. Br. in-8° ..    1 fr.

RIGAUT (A.). — *Description et statistique agricole du canton de Wissembourg*. Topographie et aperçu historique de chaque commune; usages locaux qui y sont en vigueur. Strasbourg, 1860. 1 vol. gr. in-8° ................    3 fr.

    *(Ouvrage couronné par la Société impériale et centrale d'agriculture, ainsi que par l'Académie centrale agricole de Paris, et dont il ne reste plus qu'un petit nombre d'exemplaires.)*

RING (Max. de). — *Tombes celtiques de l'Alsace*. Nouvelle suite de mémoires. Strasbourg, 1865. In-fol., br., avec planches.......... ...........    15 fr.

— *Tombes celtiques de l'Alsace*. Résumé historique sur ces monuments. Strasbourg, 1870. In-fol., br., avec planches......... ......................    6 fr.

— *Mémoires sur les établissements romains du Rhin et du Danube*. Paris, 1852. 2 vol. in-8°, br., avec une carte.... ......... ...............    5 fr.

— *Histoire des Germains depuis les temps les plus reculés jusqu'à Charlemagne*. Strasbourg, 1850. 1 vol. in-8°, broché, avec une carte............ .....    2 fr.

— *Histoire des peuples opiques*. Paris, 1859. 1 vol. in-8°, br..............    2 fr.

— *Le Pèlerinage de Marienthal en Alsace*. Strasbourg, 1848. In-12, broché.    1 fr.

— *Quelques mots sur les légendes de saint Georges*. Strasbourg, 1850. In-8°, br., avec 1 planche .... ............................. ....................    25 c.

— *Du Surnom de Cautopates donné à Mithra*. Paris, 1863. In-8°, broché ..    25 c.

    *(Il ne reste que quelques exemplaires de ces ouvrages.)*

— *Ritus depositionis*. Argentorati apud Petrum Aubry. 1646. 1 vol. in-8° .    30 fr.

    *(Reproduction photolithographique de cet ouvrage, rare et curieux, composé d'un texte de 56 pages et de 23 planches.)*

ROTHMULLER. — *Musée historique et pittoresque de l'Alsace, Haut-Rhin.* Texte de MM. L. Levrault, de Morville et X. Mossmann. Colmar, 1863. 1 vol. in-4º, avec 125 planches..................................... ........... 45 fr.

*(Quelques exemplaires seulement.)*

SCHICKELÉ (l'abbé). — *État de l'Église d'Alsace avant la Révolution.* 1re partie : Le Diocèse de Strasbourg (clergé séculier), Strasbourg, 1877. 1 volume in-8º................................................ ..... .. 3 fr.

(La 2me partie paraitra dans le courant de l'année 1881).

SCHNÉEGANS. — *L'Église de Saint-Thomas à Strasbourg et ses monuments*, essai historique et descriptif composé d'après les sources originales. Strasbourg, 1842. 1 vol. in-8º, avec 5 gravures............................. 1 fr. 50

SCHŒPFLIN. — *Histoire d'Alsace.* traduction abrégée de Schœpflin, par Chauffour. Strasbourg, 1825—1829. 4 vol. in-12............................. 5 fr.

SILBERMANN. — *Beschreibung von Hohenburg oder dem Sanct-Odilienberg, sammt umliegender Gegend.* Neue Auflage besorgt von Strobel. Strasbourg, 1835. 1 vol. in-8º, avec atlas de 24 planches, in-4º.................... .. ... 3 fr. 50

SPACH. — *Lettres sur les archives départementales du Bas-Rhin.* Strasbourg, 1862. 1 vol. grand in-8º ........................................... 2 fr. 50

*Speculum cornelianum.* In sich haltent : Viel artiger Figuren, betreffent das Leben eines vermeynden Studenten, sampt andern lehrhaften Vorbildungen. Ietzt auffs newe mit vielen schönen Kupferstichen, sampt der Beschreibung desz Lebens Corneli Relegati vermehrt vnd gebessert. Anno 1618.

*Pugilus facetiarum iconographicarum* in Studiosorum potissimum gratiam ex proprijs eorumdem Albis desumptarum; etiam primum hac forma editarum 1608. Allerhand kurtzweilige Stücklein, allen Studenten fürnemblich zu lieb auss Ihren eigenen Stambüchern zusamen gelesen und in dise Form gebracht zu Strassburg.

*Stambuch der jungen Gesellen,* oder Handtbuch mit sonderlichem Vleis zusammen gebracht, und mit schönen Kupferstichen geziert. Anno 1617.

*(Ces ouvrages, qui ont un intérêt tout spécial pour l'Alsace, ont été reproduits en 1 volume, par la photolithographie, et contiennent 120 gravures, 2 titres et 6 pages de texte.)*

*Tiré à 50 exemplaires seulement.* Prix ........... ............ 100 fr.

STŒBER (Aug.). — *Elsässisches Sagenbuch.* Strasbourg, 1842. 1 gr. vol. in-8º, avec un atlas de 12 gravures in-4º .................... ................ 8 fr.

— Ce même ouvrage, sans gravures ................................ ............. 5 fr.

*(Quelques exemplaires seulement.)*

— *Elsässisches Volksbüchlein.* Strasbourg, 1842. Br., in-8º .............. 1 fr. 25

STRAUB (l'abbé). — *Analyse des vitraux de l'ancienne collégiale de Haslach et de l'ancienne abbaye de Walbourg.* Caen, 1860. Br., in-8º . . . . . . . . . . . . . 2 fr.

— *Un Mot sur l'ancien mobilier d'église en Alsace,* suivi d'une note sur les peintures murales en Alsace et sur les monuments les plus remarquables du moyen-âge, etc. Caen, 1860. Br., in-8º . . . . . . . . . . . . . . . . . . . . . . . . . . . . . 2 fr.

WEISS (J.-M.). — *Représentation des fêtes données par la ville de Strasbourg* pour la convalescence du roi, à l'entrée et pendant le séjour de Sa Majesté dans cette ville. Strasbourg, 1744.

*(Reproduction par la photogravure en 1 volume in-4º, 18 pages de texte, avec 13 planches gravées.)*

      Prix : Broché . . . . . . . . . . . . . . . . . . . . . . . . . . . . . . . . . . . . . . . . . 25 fr.
      Relié en maroquin plein, fers spéciaux, d'après la reliure primitive
      Padeloup . . . . . . . . . . . . . . . . . . . . . . . . . . . . . . . . . . . . . . . . . . . 55 fr.

*Wunderseltzame Malerei,* erfunden durch drei Franciscaner Mönchen zu Hagenau, im Monat September 1653. Nach der Original-Ausgabe von 1653 abgedruckt. Strasbourg, s. d. In-4º, broché, avec un frontispice gravé . . . . . . . . . . 4 fr.

*(Il reste encore quelques exemplaires sur papier vélin, à 7 fr. l'exemplaire.)*

# OUVRAGES

## SORTANT DES PRESSES DE Mme Ve JUNG

### *à Colmar*

BRUNNER (l'abbé L.). — *Jacques Baldé, le grand poète de l'Alsace.* 1 brochure in-8º .......................................................... 50 c.

DURWELL (Dr Eug.) — *Aperçu géologique du canton de Guebwiller,* accompagné d'une carte géologique du canton. 1 vol. in-8º.................... 3 fr

FRANTZ (G.). — *La Dame de Hungerstein,* fragment de l'histoire de Guebwiller. Broch. in-8º......... .... ......................... 50 c.

GRAD (Ch.). — *Heimathskunde. Schilderungen aus Elsass über Land und Leute.* 1 vol. in-8º, 1878 .. ....... .. ............ ........ ... 3 fr. 75

INGOLD (A.). — *Dusselbach-Husselbach,* légende alsacienne, brochure petit in-8º ... ............................................... 50 c.

MERCKLEN (l'abbé P. A.). — *L'Abbé Charles Martin,* premier directeur du Gymnase catholique de Colmar. Sa vie et ses œuvres, avec une préface de M. l'abbé J. Guthlin. Édition ornée d'un portrait photographié. 1 volume in-12 ...................................................... 3 fr. 75

MOSSMANN (X.). — *Recherches sur la constitution de la Commune à Colmar.* Un beau volume grand in-8º, en caractères elzéviriens, sur papier teinté . 4 fr.

— *Notes et Documents tirés des archives de Colmar.* 1 fort vol. in-8º..... 6 fr.

— *Les Origines du Théâtre de Colmar.* 1 plaquette in-8º sur papier teinté . 60 c.

REUSS (Rod.). — *Ausführliche Beschreibung von der Stadt Strassburg,* darinnen klärlich enthalten wo, wie und welcher Gestalt selbige entspringt. Chronique strasbourgeoise de 1672 à 1684, publiée pour la première fois avec un extrait du mémorial de Reisseisen, par Rod. Reuss. 1 vol. in-8º.......... 3 fr.

SÉE (Jul.). — *Hans Stoltz's Vrsprung und Anfang der Statt Gebweyler.* Sagen und Tagebuch eines Bürgers von Gebweyler zur Zeit des Bauernkrieges. Publié avec une préface et des notes par Julien Sée. 1 vol. in-8º ......... 2 fr. 50

SÉE (Jul.). — *Ambrosii Müller's Stamm- und Zeitbuch.* Hauschronik eines Bürgers von Colmar zur Zeit Ludwig's XIV. (1698—1705.) Publié avec une préface et des notes par Julien Sée. 1 vol. in-8º . . . . . . . . . . . . . . . . . . . . . . . . . . . . 2 fr. 50

— *Johan Joner's Notanda.* Tägliche Notizen eines Stettmeisters von Colmar zur Zeit Ludwig's XIV. (1698—1705.) Publié avec une préface et des notes par Julien Sée. 1 vol. in-8º. . . . . . . . . . . . . . . . . . . . . . . . . . . . . . . . 3 fr.

— *Dominicus Schmutz.* Hausbuch eines Bürgers von Colmar (1714—1800), mit autobiographischen Notizen. Publié avec une préface et des notes par Julien Sée. 1 fort vol. in-8º. . . . . . . . . . . . . . . . . . . . . . . . . . . . . . . . . 4 fr.

— *Beschreibung der Belager- und Einnehmung der Statt Colmar* durch die Schweden (1632). Publié avec une préface et des notes par Julien Sée. 1 vol. in-8º 2 fr.

STOFFEL (G). — *Tomus miraculorum Sancti Theobaldi, im Original-Text herausgegeben mit einem Fac-simile in Farbendruck ausgeführt.* Récit des miracles accomplis à Thann par l'intercession de saint Thiébaud, avec une préface, des notes et une table, par M. G. Stoffel. Orné d'un fac-simile en chromolithographie, représentant la première page de manuscrit original. 1 vol. grand in-8º 3 fr.

# ACHEVÉ D'IMPRIMER

POUR LE COMPTE DE

## HAGEMANN ET C^{ie}, A STRASBOURG

PAR

## *VEUVE BADER ET C^{ie}*

A MULHOUSE

le 31 Décembre 1880

www.ingramcontent.com/pod-product-compliance
Lightning Source LLC
Chambersburg PA
CBHW070611100426
42744CB00006B/454